行政管理与法律实务研究

李方之 岳利利 张宇驰 ◎著

中国商务出版社
CHINA COMMERCE AND TRADE PRESS

图书在版编目（CIP）数据

行政管理与法律实务研究 / 李方之，岳利利，张宇驰著. -- 北京：中国商务出版社，2022.8
ISBN 978-7-5103-4372-8

Ⅰ.①行… Ⅱ.①李… ②岳… ③张… Ⅲ.①行政法—研究—中国 Ⅳ.①D922.104

中国版本图书馆CIP数据核字(2022)第138689号

行政管理与法律实务研究
XINGZHENG GUANLI YU FALU SHIWU YANJIU

李方之　岳利利　张宇驰　著

出　　版：	中国商务出版社
地　　址：	北京市东城区安外东后巷28号　　邮　编：100710
责任部门：	教育事业部（010-64283818）
责任编辑：	刘姝辰
直销客服：	010-64283818
总 发 行：	中国商务出版社发行部（010-64208388　64515150）
网购零售：	中国商务出版社淘宝店（010-64286917）
网　　址：	http://www.cctpress.com
网　　店：	https://shop162373850.taobao.com
邮　　箱：	347675974@qq.com
印　　刷：	北京四海锦诚印刷技术有限公司
开　　本：	787毫米×1092毫米　1/16
印　　张：	11.25　　　　　　　　　　字　数：232千字
版　　次：	2023年5月第1版　　　　　　印　次：2023年5月第1次印刷
书　　号：	ISBN 978-7-5103-4372-8
定　　价：	60.00元

凡所购本版图书如有印装质量问题，请与本社印制部联系（电话：010-64248236）

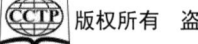

版权所有　盗版必究（盗版侵权举报可发邮件到本社邮箱：cctp@cctpress.com）

前　言

行政管理是国家行政机关依法行使法定行政权力，管理国家事务、社会公共事务和机关内部事务，维护公共利益，提供公共服务的活动。在我国经济蓬勃发展的今天，对行政管理与行政法律实务提出了更高的要求和更高的标准，行政管理与行政法律实务深入推进的关键环节及其成效直接影响我国全面深化改革的成果。在新时代，我国需要推进行政管理与法律实务的进一步研究。

本书以"行政管理与法律实务研究"为选题，探讨相关内容。全书分为两大部分，共七章。第一部分管理篇，涉及第一到第四章：第一章是行政管理与行政管理学，阐述了行政管理及其基本特征，行政管理的原理与方法，行政管理学的研究方法；第二章解读行政职能，内容包括行政职能及其类型，市场机制与政府干预，我国行政职能的转变；第三章分析行政组织，内容涵盖行政组织及其结构，行政组织建设的基本原理，我国行政组织体系；第四章为行政决策与执行，内容涉及行政决策及其模式，行政决策的过程分析，行政执行与行政评估。第二部分实务篇，涉及第五到第七章：第五章解读行政法学原理与原则，内容涉及行政法学的基本原理，行政法律关系及其构成，行政法的基本原则；第六章论述行政行为与行政程序，主要包括行政行为的基础认知，抽象行政行为分析，具体行政行为分析，行政程序及其主要制度；第七章研究行政诉讼与行政赔偿，内容涉及行政诉讼原则、行政诉讼受案范围与管辖、行政诉讼的参加人与证据，行政诉讼的裁判，执行与赔偿。

总之，本教材结构合理，内容翔实，逻辑清晰，论述充分。本教材在充分吸收、借鉴以往行政法与行政诉讼法教材成功经验的基础上，通过设置章节指导学生，学习和掌握行政管理与法律实务的基本理论和基础知识，准确理解行政法与行政诉讼法的立法精神、重点法律条文的含义以及各种制度之间的内在联系，可以作为参考帮助学生提高学习效率，增强学习效果。但由于笔者水平有限，书中所涉及的内容难免有疏漏之处，希望各位读者多提宝贵的意见，以便笔者进一步修改，使之更加完善。

目 录

第一部分 管理篇

第一章 行政管理与行政管理学 ············· 2
- 第一节 行政管理及其基本特征 ············· 2
- 第二节 行政管理的原理与方法 ············· 5
- 第三节 行政管理学的研究方法 ············· 14

第二章 行政职能 ············· 19
- 第一节 行政职能及其类型 ············· 19
- 第二节 市场机制与政府干预 ············· 24
- 第三节 我国行政职能的转变 ············· 26

第三章 行政组织 ············· 32
- 第一节 行政组织及其结构 ············· 32
- 第二节 行政组织建设的基本原理 ············· 38
- 第三节 我国行政组织体系 ············· 41

第四章 行政决策与执行 ············· 44
- 第一节 行政决策及其模式 ············· 44
- 第二节 行政决策的过程分析 ············· 52
- 第三节 行政执行与行政评估 ············· 63

第二部分 实务篇

第五章 行政法学原理与原则 ············· 74

第一节 行政法学的基本原理 …………………………………… 74
第二节 行政法律关系及其构成 ………………………………… 77
第三节 行政法的基本原则 ……………………………………… 87

第六章 行政行为与行政程序 …………………………………… 90

第一节 行政行为的基础认知 …………………………………… 90
第二节 抽象行政行为分析 ……………………………………… 98
第三节 具体行政行为分析 ……………………………………… 106
第四节 行政程序及其主要制度 ………………………………… 118

第七章 行政诉讼与行政赔偿 …………………………………… 128

第一节 行政诉讼原则 …………………………………………… 128
第二节 行政诉讼受案范围与管辖 ……………………………… 129
第三节 行政诉讼的参加人与证据 ……………………………… 139
第四节 行政诉讼的裁判、执行与赔偿 ………………………… 154

结束语 …………………………………………………………… 171

参考文献 ………………………………………………………… 172

第一部分

管理篇

第一章 行政管理与行政管理学

第一节 行政管理及其基本特征

一、行政管理的主体与客体

（一）行政管理的主体

行政管理的主体是国家行政机关，国家机关主要包括权力机关、行政机关和司法机关，分别行使立法权、行政权和司法权。在我国，权力机关即是全国人民代表大会和地方各级人民代表大会；行政机关即是中央人民政府（即国务院）和地方各级人民政府（省级、市级、县级和乡级）；司法机关包括审判机关和检察机关，审判机关即最高人民法院、地方各级人民法院和专门人民法院，检察机关即最高人民检察院、地方各级人民检察院和专门人民检察院。

国家行政机关是行使行政权力、开展行政管理活动的唯一合法机关，其他国家机关和其他组织不是行政管理的主体。行政法学意义上的"行政主体"是一个专有名词，除了法定的行政机关之外，被授权组织也是行政主体。这也就是说，行政机关之外的其他组织虽然也有行政活动，但那是行政法学或公共管理学研究的内容，不属于行政管理学研究的范畴。

（二）行政管理的客体

行政管理的客体是国家事务、社会公共事务和机关内部事务。

1.国家事务。国家事务是指以国家整体名义开展的国务活动，这些活动事关整个国家的名誉、地位、政权稳定、领土完整，如国防事务、外交事务、国家庆典、国家发展等。它的基本特征是"国家名义"，即必须由中央政府以国家名义进行，地方政府不能独立进行。

2.社会公共事务。社会公共事务是指涉及整个社会和全体人民的共同利益的活动，是企业和个人不能做或不愿做的事务，如保护环境、维护社会秩序、社会公平、社会保障、城乡建设、公共交通等十分广泛。这类事务也称为公共产品或公共服务，其基本特征是公共性。公共性是指这类产品可以为全体社会大众所享用或面向全体社会大众提供的服务。

3.机关内部事务。机关内部事务是指行政机关组织自身的管理事务,如组织建设、人事管理、经费管理、决策与执行、监督管理、改革发展等。管好行政机关自身是行政管理的重要内容。

客体实际上分为外部与内部两个方面。由此,构成了行政管理的两个方面:①内部行政。内部行政是指机关内部事务。②外部行政。外部行政是指国家事务和社会公共事务。外部行政与内部行政在管理关系、管理依据、管理方式、权利救济等方面有着很大的区别。外部的不能用到内部,内部的也不能用到外部,交错无效。除了上述三项客体之外的行政机关的其他活动,如行政机关的民事活动,不属于行政管理的范畴。

二、行政管理的基础与目的

(一)行政管理的基础

权力一般指控制和影响他人的支配力或能力。行政管理的基础是法定行政权力。行政权力属于国家公权力,是宪法赋予行政机关或立法机关依法授予行政机关享有的管理国家事务和社会公共事务的支配力或能力。

行政管理的过程就是行政权力的运用过程。作为一种公权力,它的存在和运用绝不能为了权力主体自身的利益,必须是为了公共利益;作为一种公权力,它的存在和运用绝不能以权力主体的意志为转移,不能随意增加、减少、转让或放弃;作为一种公权力,具有强制性,有关各方必须服从和执行,否则会受到相应的制裁。

行政权力的内容主要有:行政立法权;行政决策权;行政组织权;行政决定权;行政命令权;行政执行权;行政检查权;行政处罚权;行政强制权;行政司法权。

(二)行政管理的目的

行政管理的目的是维护公共利益和提供公共服务。明确行政管理的目的是非常必要的,它决定着行政管理的基本价值取向。价值取向是指在多种工作情境中指导人们行动和决策判断的总体信念。价值取向具有评价事物、指引和调节行为的定向功能,直接影响着人的工作态度和行为。

行政管理的目的是维护公共利益和提供公共服务,而维护公共利益和提供公共服务是同一的,说到底就是"为人民服务"。因此,为人民服务就是行政管理的根本目的。

为人民服务就必须打造服务型政府。服务型政府,是在公民本位、社会本位理念的指导下,把政府定位于服务者的角色,把服务作为政府的基本职责,能够公正、高效地为公众和全社会提供优质公共产品和服务的政府。服务型政府是以人为本的政府,政府的权力来自人民，必须服务于人民，接受人民的监督。这就要求政府从管理理念、管理职能、管理制度、管理手段和行为方式等方面，实现根本性转变。

三、行政管理的基本特征

行政管理的基本特征，如图 1-1 所示。

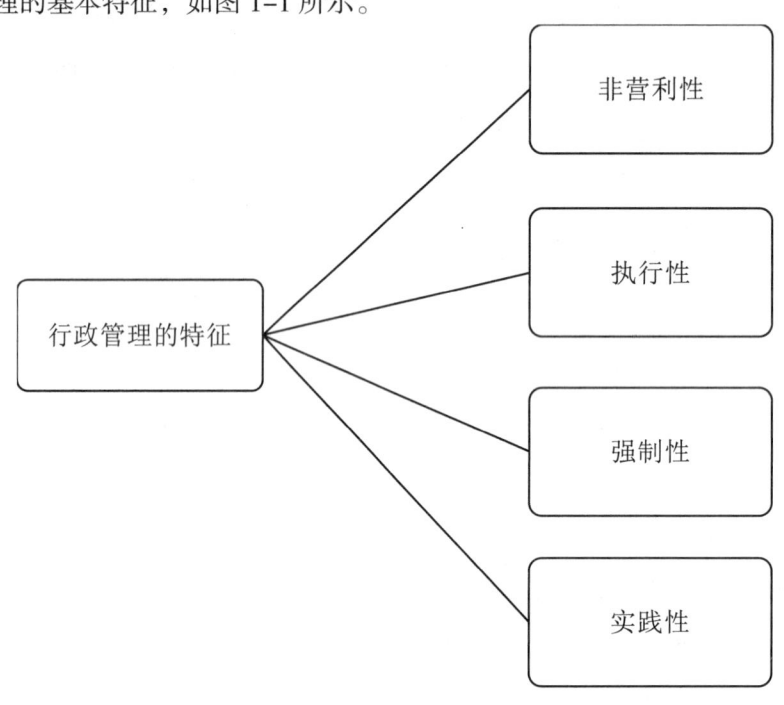

图 1-1　行政管理的特征

（一）非营利性

非营利性是指行政管理是不以营利为目的的活动。行政管理是为了最广大人民的共同利益。

非营利性要求政府提供的公共产品或服务不能收取费用。有时出于公平的目的收取的费用，也不能作为自身收入，必须上缴国库。一般来讲，非营利性并不等于没有盈利，但这对政府行政管理来讲是不适用的，政府是绝对不能讲营利的。

（二）执行性

行政的本质就是执行。在我国，宪法明确规定，中华人民共和国国务院，即中央人民政府，是最高国家权力机关的执行机关，是最高国家行政机关。

地方各级人民政府是地方各级国家权力机关的执行机关，是地方各级国家行政机关。这也就决定了行政机关所做的一切，都是为了执行权力机关的决议，具有执行性。虽然，行政管理也要进行许多决策，而且有的决策也非常重要。但根本来讲，这种决策依然是为了如何执行权力机关的决议而进行的决策，是行政决策。

（三）强制性

行政管理以国家权力做后盾，以国家暴力机器为威胁手段，其行政行为一旦成立，有关相对人必须服从，不得抗拒。甚至必要时为了大多数人的利益，必须牺牲少数人的利益（当然要给予一定补偿）。

行政管理的强制性是受到法律约束的。这也就是说，行政管理的强制性是在法定的权限范围内、按照法定程序和方式做出的行政行为才具有强制性。即依法行政才有强制性，违法的行政行为是无效的，而且要承担一定的法律责任。

（四）实践性

行政管理是一种管理国家和社会事务的实践活动，其所应用的理论和方法必须与本国本地的行政管理具体境况相适应。国情、地情与不同，行政管理理论和方法的运用也就会有差异。任何理论和方法如果解决不了我国行政管理实践中的问题，就不是好理论。实践是检验真理的唯一标准。反之，行政管理的理论和方法也只有在行政管理的实践中才能不断地发展。

第二节 行政管理的原理与方法

一、行政管理的原理

行政管理的原理是人们在长期的行政管理实践基础上，在对行政现象、行政过程和行政行为的研究中，对行政管理活动基本规律的认识不断升华形成的基本理论和原则。掌握行政管理的基本原理对于做好行政管理工作具有普遍的指导意义。

（一）人本原理

1. 人本原理的要求

人本原理是以人为本的原理，要求人们在管理活动中坚持一切以人为核心，以人的权利为根本，强调人的主观能动性，力求实现人的全面、自由发展。人本原理的实质就是充分肯定人在管理活动中的主体地位和作用，它不是把人看作与其他要素同等排列的要素之一，而是强调人在整个管理系统中的主宰，其他要素如财、物、时间、技术、信息等只有为人所掌握，为人所利用，才能产生价值。

人本原理的基本要求如下：

（1）看重人。人是一切事物中最宝贵的、最重要的，有了人一切皆有可能。因此，必须看重人、尊重人、爱护人。

（2）依靠人。价值是靠人创造的，服务是靠人提供的，目标是靠人实现的。靠人，就必须采取有力措施，调动人的积极性、主动性和创造性。

（3）为了人。我们所做的一切都是为了人的生存、成长和发展，这是任何组织的首要目标。因为只有有了人的生存、成长和发展，才能带来组织的生存、成长和发展，从行政管理角度说，人本原理就是以人为中心。

1）行政管理要看重人、抓住人、突出人，人是最重要的资源，不能把人等同于其他事物。

2）行政管理要依靠人、调动人的积极性。为政之道，唯在用人。

3）行政管理要为了人，为了最广大人民的根本利益，最大限度地满足人民的需求。

2. 人本原理的运用原则

（1）能级对应原则。能指人的能力，级指职位的等级。能级对应要求必须任人唯贤，能级对应原则就是指在人力资源管理中，要讲求能与级的对应，根据人的能力来安排职位和工作，使人尽其才，才尽其用。

（2）动力激励原则。动力激发人产生行为。科学地设置各种动力和激励措施，才能把成员的单个力量汇集成组织力量，从而实现组织目标。这就是动力激励原则。一般讲，动力包括物质动力、精神动力和信息动力。而激励措施即激励制度，是关于动力类型的选配、激励时机的确定、激励量的确定等有关事项的规定。

（3）人才开发原则。人才开发是指将人的智慧、知识、才干作为一种资源加以发掘、培养，以便促进人才本身素质的提高和更加合理的使用。人才开发包括：挖掘人才、培养人才。人才开发原则把人才开发或者人才培育放在首位。即从现有人才资源中发现有能力的人，进行培养、训练，提高他们的业务技术和经营水平。

开发人才有两个支点：①提升其智力；②激发其活力。智力乘以活力等于绩效。开发人才的方式大概有三大类：①培养性开发；②使用性开发；③政策性开发。

（二）系统原理

1. 系统原理的要求

系统是指由若干要素按一定结构相互联系组成的具有特定功能的统一体。它处于更大的系统中，与相关系统有输入输出关系。系统具有目的性、整体性和层次性三个特征。系统原理是指行政管理对象和行政管理活动等都是一个系统，应该而且必须运用系统理论的观点和方法进行系统的分析，从系统的角度开展和评价行政管理工作。

系统原理的要求如下：

（1）必须保持系统目的一致性。每个系统都必须有明确的目的；系统内部可分为若干个子系统，子系统的建立和目标设置必须与系统保持一致。

（2）必须保持系统的关联性。系统是一个由若干个子系统或要素构成的整体，这些子系统或要素之间必须建立合理的结构，使之紧密联结，统一行动。

（3）必须保持系统各层功能的完整性。系统有一定层次结构，各层系统都有各自的功能，要明确各层的任务、职责、权限等，以保证其功能的充分发挥。

（4）必须保持系统与环境的适应性。系统都是开放的，都处在一定的环境之中，同时对环境产生影响，只有与环境协调一致，才能生存和发展。

2. 系统原理的运用原则

（1）整分合原则。整分合原则就是从系统的角度出发，做到整体把握、科学分解、组织综合。在行政管理工作中，把任何管理对象、问题，视为一个复杂的社会组织系统。从整体上把握系统的环境，分析系统的整体性质、功能，确定出总体目标；围绕着总目标，进行多方面的合理分解、分工，以构成系统的结构与体系；在分工之后，要对各要素、环节、部分及其活动进行系统综合，协调管理，形成合理的系统流通构成，从而实现总目标。

（2）相对封闭原则。在行政管理活动中，必须在对外开放的前提下，对内采取封闭性的管理，使得内部各个环节、部分，有序衔接、首尾相连，形成环路，从而构成一个完整无缺、有去有回、有进有出的过程环流，使各部分连为一体，相互联系，相互促进，以完成整体目标。这就是现代管理的相对封闭原则。包括机构设置的相对封闭，管理活动过程的相对封闭，管理制度的相对封闭，信息系统的相对封闭，等等。

（三）动态原理

1. 动态原理的要求

物质是运动的，运动是绝对的。动态原理是指行政管理的对象、目标、环境等都是发展变化的，不能一成不变地看待它们，要根据行政管理内部和外部情况的变化，及时地调整行政管理的理念、手段和方法，因地因时制宜。动态原理的要求：

（1）坚持权变管理。权变管理则是指管理者根据组织的内部条件和外部环境来确定其管理思想和管理方法，以实现有效管理。就是因事制宜、因人制宜、因势制宜，根据条件变化，随机应变。

（2）注重信息管理。即充分发挥信息作用，建立健全完善的信息系统，及时、全面地搜集信息，精确、科学地加工信息，迅速、完整地传递信息，安全、有效地储存信息。

（3）实行创新管理。动态即发展，创新是发展之根本。创新管理就是构建创新体系和创新文化，创新体系主要包括观念创新、技术创新和管理创新等；创新文化指保证创新有效进行的制度和实施。

2. 动态原理的运用原则

（1）弹性原则。从管理系统的角度唯一，弹性原则是指管理在客观环境作用下为达到管理目标的应变能力。遵循弹性原则，就是在制订的计划与对策中必须留有充分的余地，以适应或应对在执行过程中出现的变化。

（2）反馈原则。反馈是控制论的一个概念，指系统中被控制对象对控制机构的反作用，并且这种反作用影响到这个系统的实施过程或结果。把握事物的动态关键就在于有灵敏、准确、迅速的反馈。成功、高效的行政管理，就是在不断的决策、执行、反馈，再决策、再执行、再反馈，如此无穷尽的螺旋式上升中不断改进、完善，不断提高水平。

（四）法治原理

1. 法治原理的要求

"法治是国家治理体系和治理能力的重要依托，必须坚持在法治轨道上推进国家治理体系和治理能力现代化。"[①] 法治原理，又称依法行政的原理，是指行政机关必须依法设立和取得行政权力，依法行使其行政权力和开展行政行为，并对其行政行为的后果承担相应的法律责任。依法行政是法治国家、法治政府的必然选择，是保护广大群众的根本权益的必然选择，是提升政府形象、提高行政效率、取信于民的必然选择。

（1）法治原理的基本内容包括：一切行政权力来自法律，行政机关不得自己创设任何权力；一切行政行为必须具有法律依据，否则无效；一切行政行为必须接受法律的监督，违法要承担相应的法律责任。

---

① 向淼，郁建兴. 法治行政：中国公共行政学的法律路径——一项新的研究议程[J]. 公共管理学报，2021，18（04）：35.

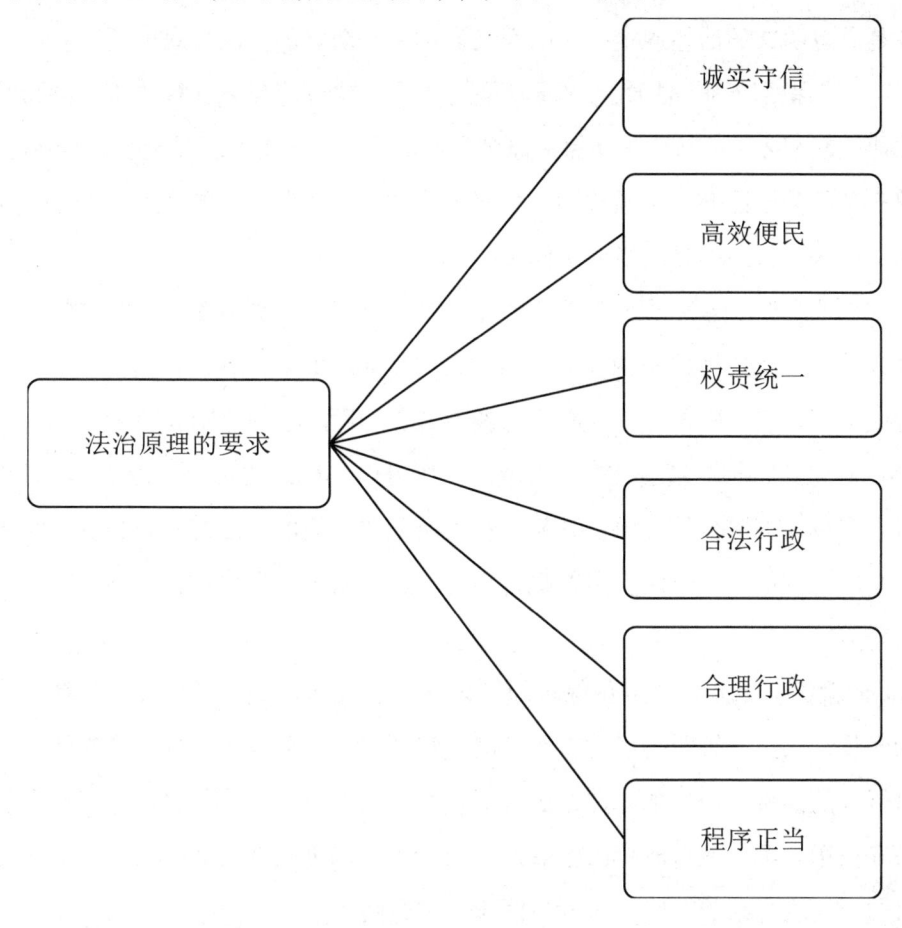

（2）法治原理的要求。法治原理的要求，如图1-2所示。

```
法治原理的要求 ── 诚实守信
              ── 高效便民
              ── 权责统一
              ── 合法行政
              ── 合理行政
              ── 程序正当
```

图1-2　法治原理的要求

① 诚实守信。诚实即忠诚老实，不作假，不欺人；守信就是讲信用，讲信誉，信守承诺。
② 高效便民。行政机关要依法高效率、高效益地行使职权，更大程度地方便人民群众。
③ 权责统一。行政机关的职权实际上是其义务和责任，必须积极依法履行，不得放弃。
④ 合法行政。即行政行为必须有法律依据，必须符合法律的规定，法无明文规定不得为之。
⑤ 合理行政。行政权力的行使必须客观、适度，公平、公正，符合理性和法的基本精神。
⑥ 程序正当。程序的中立、理性、排他、可操作、平等参与、自治、及时终结和公开。

2. 法治原理的运用原则

（1）法律优先原则。法律优先原则是指行政机关的一切行政行为，无论是抽象行政行为或是具体行政行为，无论是行政行为的内容或是行政行为的程序，都要与现有的法律规范相一致，不得与之相抵触或违背。

法律优先原则强调的是：只要在这个事项方面存在有效的法律规定，那么行政机关的行政行为必须遵循其法律规定，严格禁止不遵循或偏离法律规范的规定。法律优先原则的前提条件是"有明文的法律规定"，因而又被称为"消极的依法行政原则"。

（2）法律保留原则。法律保留原则是指在法律缺位情况下，行政机关的行政行为必须获得法律的授权才能实施。法律保留原则强调的是：有了法律的授权就可实施行政行为，包括行政立法行为。因此，又被称为"积极的依法行政原则"。需要注意的是，这里的法律是指狭义的法律，而不是泛指的法律规范。

（3）比例原则。比例原则是指行政目标和实现该目标所采取的手段之间应具有客观的对称性，兼顾行政目标的实现和保护相对人的权益，如果行政目标的实现可能对相对人的权益造成不利影响，则这种不利影响应被限制在尽可能小的范围和限度之内。

具体内容包括：①妥当性，指所采取的手段可以实现行政目标；②必要性，指没有其他给相对人造成损害更少的手段；③相称性，所采取手段的程度与行政目标的结果相称。这也即狭义的比例原则，强调实施行政行为时，给相对人所造成的损害不得超过行政目标所追求的公益结果。

（4）信赖保护原则。"信赖保护原则体现了现代法治的本质精神，是社会发展到一定阶段的产物，其具有鲜明的民主特质和时代特征。"① 公民个人或社会组织的行为是基于对政府行为的信赖而做出的，那么这种对行政权力的正当合理信赖应当予以保护。行政机关应恪守信用，不得擅自改变已生效的行政行为，确需改变行政行为的，对于由此给相对人造成的损失应当给予补偿。这就是信赖保护原则。

信赖保护主要包括：①行政相对人基于对行政机关行政行为的信赖而做出的行为应当受到保护；②行政相对人因行政机关的行政行为而获得的利益应当受到保护；③由于行政机关对相对人受益行为而给第三人带来的利益也应当受到保护。

二、行政管理的方法

行政管理的方法是在行政管理活动中，为保证预期行政目标的实现而采取的各种技术、手段、措施和行为方式的总称。在行政管理活动中，行政方法是行政管理的主体作用于客体的"桥梁"。因此，研究适用的现代行政管理方法是非常必要的。

（一）行为激励方法

行为激励法就是设置一定的激励因子，刺激人的动机，从而使之产生特定行为的一种管理方法。行为激励方法关键在于建立健全激励机制。激励机制包含以下方面的内容：

1.诱导因素集合。诱导因素就是激励因子，是用于激发人行为动机的各种资源。包

---

① 冷环环. 论行政法中的信赖保护原则[D]. 南昌：南昌大学，2013：3-4.

括物质的、精神的、制度的、工作的等。设置诱导因素必须建立在对个人需求调查和分析的基础上，然后根据组织所拥有的资源情况设计。需要层次理论等可用来指导诱导因素的设置。

2. 行为导向制度。行为导向制度是指组织对其成员的价值观、行为方向、行为方式所做的规定。诱导因素设置之后，由于每个人的价值观可能有差别，个体行为的方向和方式也会有差别，不一定都是指向组织目标的。因此，就要求在组织中建立和培育占统驭地位的主导价值观，明确和规范个人和组织的行为方向和行为方式。行为导向一般强调全局观念、长远观念和集体观念。

3. 行为幅度制度。是指对由诱导因素所激发的行为在强度方面的控制规则。一般来讲，对个人行为幅度的控制是通过对行为结果的奖惩来实现的，即将行为结果（绩效）与奖惩相连，设计相应的比率。其比率可以是固定的比率，也可以是变化的比率，根据具体情况而定。通过行为幅度制度，可以将个人的努力水平调整在一定范围之内，以防止激励偏差。

4. 行为时空制度。指对行为的发生在时间和空间方面的规定。这方面的规定包括特定的行为与特定的奖惩相关联的时间限制，行为与一定的工作相结合的时间限制，以及有效行为的空间范围。这样的规定可以防止发生短期行为和地域无限性，从而使所期望的行为具有一定的持续性，并在一定的时期和空间范围内发生。

5. 行为归化制度。行为归化是指对成员进行组织同化和对违反行为规范或达不到要求的进行处罚和教育。组织同化是指把成员融入组织的过程，即对组织成员进行人生观、价值观、工作态度、行为方式等方面教育，使之与组织行为规范相一致。所以，组织同化实质上是组织成员不断学习的过程，对组织具有十分重要的意义。

上述制度和规定都是激励机制的构成要素，其中诱导因素起到发动行为的作用，后四者起导向、规范和制约行为的作用。

（二）目标管理方法

目标管理法是以完成工作目标为核心的一种管理方法和制度，是指由下级与上级共同决定工作目标，在工作中实行"自我控制"，并且定期检查完成目标进展情况的一种管理方法。目标管理法属于结果导向型的管理方法之一，以实际产出为基础，考评的重点是人员工作的成效和结果。

目标管理的主要内容如下：

1. 制定目标。制定组织的总目标，这是目标管理的起点；其次，将总目标分解成各部门和各单位的分目标；各单位和各部门将分目标分解为每个人的个人目标。下级的分目标和个人目标是构成和实现上级总目标的充分而必要的条件。总目标、分目标、个人目标，上下左右相联系，构成目标体系。目标管理的核心就在于通过目标来整合各部门、各单位和每个人的不同工作活动及其贡献，从而实现组织的总目标。

2. 制订计划。即各部门和各单位都制订完成目标的周详严密的计划，每个人员也要制订自己的计划。该项计划除了描述目标外，主要包括：实现目标的方针和政策；实现目标的技术、方法、程序的选择；实现目标的人财物配备情况；实现目标存在的问题和解决方法；可能发生的变化及其应对措施；其他保障措施等。计划是目标管理的基础，可以使各方面的行动集中于目标。它规定每个目标完成的期限，否则，目标管理就难以实现。

3. 实施目标。即目标的执行过程。这是个关系到目标能否实现的重要过程。

在这个过程中主要应做好五项工作：①根据目标调整组织和人事配备，组建最优秀的团队，并根据目标确定其职能，明确其责任，赋予相应的权力；②激励全体人员为实现目标积极行动，努力实现自己制订的个人目标，从而保证部门目标和组织目标的实现；③各级领导者要深入基层，做好咨询指导工作，为下属解决实际问题，帮助下属完成目标；④抓好信息反馈，随时掌握进程，及时采取措施纠正偏差，保证目标按期实现；⑤根据环境变化及时调整和修正目标或计划，并按新的目标或计划执行。

4. 目标考评。在本管理周期结束时对目标的实现情况进行全面的考评和总结，并根据考评结果进行奖惩。考评是按照一定的考评标准，对目标的完成程度进行定性和定量的考核评估；总结是概括出在目标实施过程中存在的问题和成功的经验，为下一周期目标管理提供参考；奖惩是根据目标考评的结果和预定的奖惩标准，实施奖励或处罚，以达到激励和鞭策的目的。

（三）全面质量管理方法

全面质量管理法就是以质量为中心，以全面参与为特征的一种管理方法。全面质量管理不仅仅对产品质量管理，更是一种简单的、新型的工作方式。政府全面质量管理，是一种全员参与的、以各种科学方法改进政府管理与服务的，对政府提供的公共物品和公共服务进行全面管理，以获得顾客满意为目标的管理方法、管理理念和制度。政府的质量包括：决策科学性、行为自律性、服务效率性，最根本的质量就是"人民满意"。

政府实施全面质量管理应遵循 PDCA 循环：

1. P（Plan）计划。即确定政府部门的质量方针和宗旨，确定和建立开展行政业务工作所必需的目标和过程。

2. D（Do）实施。执行计划，开展全面质量管理活动。

3. C（Check）检查。按照预定的质量标准和要求，对行政活动的过程和结果进行检查测量，并报告结果。

4. A（Action）处置。采取必要的措施，对过程的业绩实施持续改进。

政府实施的 PDCA 循环有三个特点：①不停地循环来解决问题，周而复始地进行；②不是停留在一个水平上的循环，而是阶梯式的上升；③整个政府部门是一个大的 PDCA 循环，各职能处室也有各自的 PDCA 的循环，形成一个大环套小环的循环体系。

（四）行政合同方法

行政合同是指行政机关为了实现行政管理的目标，在遵循依法行政原则和契约自由原则的前提下，为达到特定的行政法律后果，就某项行政事务与行政相对方的组织或个人签订的协议。其内涵是通过合同的方式将行政机关和行政相对方的权利义务进行配置，以达到特定的行政目的。行政合同是现代行政法意义上的一种新型行政管理方法。通过行政合同，公民和社会组织可以以积极的权利方式而不仅仅是负担义务的方式直接参与行政管理活动。行政合同的使用，可以减少行政机关单方命令的行政方式，以协商的方式提出要求和义务，便于公民理解，容易接受和赞同；可以有效地约束双方的行为，减少行政机关与公民利益之间基于利益和目的的差异而带来的对抗性，从而化解矛盾，创造和谐社会。

行政机关与社会相对人订立的行政合同大致有两类：

1. 纯义务性的行政合同。即行政机关和行政相对方对各自义务履行的合同，属于责任合同的范畴。凡是法律法规所规定的应由其他社会组织和个人承担的公共义务，都应当订立行政合同。这种纯义务性的行政合同的订立和执行可以节约大量的人力、物力和财力，大大降低行政成本。

2. 订立一些带有经济性质的合同。即行政机关和行政相对方签订涉及经济利益的合同，"政府出钱，其他组织办事"，共同为社会提供服务。带有经济性质的行政合同的订立可以刺激其他社会组织参与行政管理的欲望，达到其他社会组织与行政组织在管理上的互动。

（五）其他现代管理方法

1. 运筹学。运筹学是近代应用数学的一个分支，主要是将生产、管理等事件中出现的一些带有普遍性的运筹问题加以提炼，然后利用数学方法进行解决。基本步骤是：确定目标、制订方案、建立模型、制定解法。具体方法很多，包括：数学规划（含线性规划、非线性规划、整数规划、组合规划等）、图论、网络流、决策分析、排队论、可靠性数学理论、库存论、博弈论、搜索论、模拟等。

2. 系统工程方法。行为导向制度统工程方法是根据系统总体协调的需要，把自然科学和社会科学中多学科的思想、理论、策略和方法等联系起来，应用现代数学和电子计算机等工具，对系统的构成要素、组织结构、信息交换和自动控制等功能进行综合分析研究，以达到最优化设计、最优控制和最优管理的目标。

3. 网络计划技术。网络计划技术是指用于工程项目的计划与控制的一项管理技术。有关键路径法（CPM）与计划评审法（PERT）之分。即在项目分解的基础上，绘制网络图，然后通过计算时间参数找出关键线路和关键工序，最后根据任务目标的要求进行时间优化、资源优化或成本优化。

4. 电子化政府。电子化政府是指在政府内部采用电子化和自动化技术的基础上，利用现代信息技术和网络技术，建立起网络化的政府信息系统，并利用这个系统为政府机构、社会组织和公民提供方便、高效的政府服务和政务信息。电子政府是一种新型行政管理模式，也是一种新的行政管理方法。

第三节 行政管理学的研究方法

一、行政管理学与相关学科的关系

（一）与政治学的关系

政治学是研究社会政治现象和政治关系的科学。广义的政治学研究在一定经济基础之上的社会公共权力的活动、形式和关系及其发展规律；狭义的政治学研究国家的活动、形式和关系及其发展规律；行政管理学源自政治学，具有与政治学相同的特征，政治学为行政管理学提供最基本的理论基础，行政管理学所研究的问题实质上也就是政治问题，必须运用政治学的基本原理。因此，政治学是行政管理学的基础和主导，并且二者在内容上也有很大程度的交叉。行政管理学局限于行政机关，而且更注重管理行为和管理活动，具有执行性。

（二）与法学的关系

法学是研究法、法的现象以及与法相关问题的专门学科，是关于法律问题的知识和理论体系。行政管理学与法学，尤其是行政法学有着非常密切的关系。因为行政管理的本质就是依法行政，只有严格按照法的规定进行的行政管理行为才有效力，违反了法的规定条款或者没有按照法的规定去做都要承担相应的法律责任。行政法为行政管理提供了行为规范，也为行政管理提供了效力保障。

（三）与社会学的关系

社会学是一门利用经验考察与批判分析来研究人类社会结构与活动的学科，是从社会整体出发，通过社会关系和社会行为来研究社会的结构、功能、发生和发展规律，包括社会组织、社会制度、社会过程和社会问题等。

行政管理面对的是社会，行政管理本身就是社会管理的重要组成内容，行政组织是社会组织的一种形式，行政管理方面的制度就是社会制度之一，行政管理过程就是社会过程之一，行政管理方面的问题都是社会问题。因此，行政管理学与社会学是紧密相关的，行政管理要应用社会学的理论和方法。

（四）与经济学的关系

经济学是关于经济发展规律的科学，研究的是一个社会如何最合理地利用稀缺的资源，以生产出最大的有价值的商品和劳务，并将它们在不同的人中间进行合理分配。行政管理学与经济学有着密切的关系。二者都涉及有限资源的合理利用和分配，因而其基本原理是一致的；经济学研究生产力和生产关系，行政管理就是要发展社会生产力，改善生产关系；行政组织如何用最低的投入提供优质的公共服务，也存在行政成本等经济问题；宏观经济问题就是行政管理的重要问题。可见，经济学的许多理论和方法是适用于行政管理的。但行政管理学与经济学存在着最大的区别就是经济学的有些原理和规律不完全适用于行政管理学，如利润等。

（五）与管理学的关系

管理学是系统研究管理活动的基本规律和一般方法的科学。它研究在现有的条件下，如何通过合理组织和配置人、财、物等因素，提高生产力的水平。管理学是从一般原理、一般情况的角度对管理活动和管理规律进行研究，研究所有管理活动中的共性原理的基础理论科学，是各门具体的或专门的管理学科的共同基础。

行政管理学具有管理属性，是管理学的一个分支。这在我国高等院校本科专业目录中也有体现。在当前管理主义比较盛行的公共管理领域，行政管理学属于管理学的观点渐占上风。不可否认，行政管理学具有管理属性，管理学的主要原理和技术方法也基本适用于行政管理活动。反过来，行政管理的实践又丰富了管理学。但行政管理学研究对象的特殊性决定了它也有不同于管理学的独特之处，管理学的有些理论和方法是不能运用于行政管理的。

二、行政管理学的研究方法类型

（一）理论联系实际的方法

理论联系实际体现了认识与实践相统一、矛盾的普遍性和矛盾的特殊性的统一，是辩证唯物主义世界观的具体表现。坚持理论联系实际，必须反对形形色色的主观主义和形而上学思想。它的要点是要有理论，要运用理论解决实际问题。

行政管理学是实践性很强的一门学科。因此，在学习过程中必须理论联系实际，不仅要掌握行政管理的理论和方法，更要紧密结合我国的行政管理实践，把理论与实践相结合，真正解决我国实践中亟待解决的问题。

（二）调查研究的方法

调查是研究的前提和基础，研究是调查的发展和深化。调查研究是深入现场进行考察和研究，以探求客观事物的真相、性质和发展规律的活动。它是人们认识社会、改造社会的一种科学方法。调查是指通过各种途径，运用各种方式方法，有计划、有目的地了解事物真实情况；研究则是指对调查材料进行去粗取精、去伪存真，由此及彼、由表及里的思维加工，以获得对客观事物本质和规律的认识。

研究学习行政管理学，就要掌握我国行政管理的现象和规律，就要掌握大量的行政管理的实际数据和资料等情况。而这一切都要靠调查研究才能取得。因此，需要学会调查研究的方法是非常重要的。

（三）案例研究的方法

案例分析和研究对于行政管理学领域的发展有着重要的意义。它与以模拟为基础的教学方法在内在价值上有很大的区别，也不同于作为在行政管理环境中研究道德选择和决策行为的有效工具。

案例研究法是选取以往某项具体的行政活动、行政行为或行政事项作为案例，运用行政管理的理论和方法，以及相关学科的理论和方法，进行系统的、全面的分析研究，找出行政管理的规律，总结出解决类似行政管理问题的办法。

案例研究法是从掌握的文献资料中摄取信息，经过分析了解事实真相，并发现事物之间内在联系的研究方法，因而也称为"非接触性研究"。它的显著特点是：通过案例研究考察特定事件或事物的发生和变化，侧重于信息的分析，回答"为什么"和"怎么样"的问题。

案例分析法通过典型的案例分析，不仅能加深对行政学既有理论和法则的理解，而且能够创新和丰富行政学理论，提高分析问题和解决问题的能力。行政问题具有全局性，应当用全局性的眼光来认识和解决，否则就会以偏概全，割裂了行政管理研究的完整性和综合性。鉴于此，案例分析方法虽然有联系实际、针对性强的特点，但应加强与其他研究方法的结合，以弥补其缺乏全局性、整体性的缺陷。

（四）比较研究的方法

比较是确认事物之间异同关系的思维过程和科学方法。同一类型事物间或不同类型事物间由于彼此存在一定的联系，都可以进行比较，探索事物间"同中之异"与"异中之同"，以加深人们对事物本身的认识，运用此法研究和解决行政管理问题就是行政比较研究法。

比较研究法就是对两个或两个以上有联系的事物进行考察，寻找其异同，探求普遍规律与特殊规律的方法。

根据数量分为单向比较和综合比较；根据时空分为横向比较与纵向比较；根据目标分为求同比较和求异比较；根据性质分为定性比较和定量比较；根据范围分为宏观比较和微观比较。有比较才能有鉴别。

研究学习行政管理学，就要善于进行各种比较。通过比较，才能知其所长、知其所短，才能采其之长、补己之短。通过比较才能得到启发，从而结合我国的行政管理问题，创造性地建立适用于自身的理论、制度和方法。

（五）历史研究的方法

历史研究法是运用历史资料，按照历史发展的顺序对过去事件进行研究的方法。亦称纵向研究法，是比较研究法的一种形式。之所以单列出来予以强调，是因为历史研究是一种非常重要的、有意义的研究方法，它最大的价值在于既能服务于现在，又能帮助预测未来趋势。这一方法具有其他方法不具备的优势。

任何事物的特点、规律和本质，都是作为一个过程展开的，行政管理亦是如此。而已经发生的过程就是历史，通过研究历史来把握事物的走向，从而认识现在，预知未来。历史研究法包括文献搜集和逻辑分析两部分，文献搜集是获取事实资料的基本方法，逻辑分析是加工材料形成结论的主要方法。

（六）行政管理系统分析法

行政管理系统分析法是系统科学原理在行政科学研究中的具体运用。系统科学反映和研究自然界各领域和社会系统各领域中某些共同的东西，研究系统的规定性，系统模型，系统机理和演化规律。系统研究问题的方法原则上是作为一种具有普遍意义的思维方式提出来的，一旦产生便具有一般方法论意义。行政管理系统分析法是把行政活动看作一个系统，以系统观点为指导，立足于从要素的结构和功能以及与环境的相互联系和制约关系中综合地、最佳地处理和解决行政问题的一种方法。

行政管理系统有两种状态，即静态行政管理系统和动态行政管理系统。

1. 静态行政管理系统。从静态看，一个行政管理系统是另一个更大系统的一部分，每个行政管理系统本身又是由许多行政子系统构成的。行政系统的内在构成要素是相互关联的，其结构状况直接决定着行政系统的功能。用系统分析方法研究行政，就是要从行政管理系统整体出发，着眼于整体与部分、整体与层次、整体与结构的相互联系和相互作用，

从整体目标和效果出发，研究中央与地方、上级与上级、部门与部门、人员与人员的分工与协作，研究任务目标、机构、人员、技术、信息以及财物资源等的良好配合，使行政管理系统处于最佳状态并取得最佳效果。

2. 动态行政管理系统。从动态看，行政管理系统是一个开放系统，因为行政管理不能与社会环境隔绝，社会环境的变化很快反映到行政系统中来。一个行政管理系统的活动是一个由输入、转换、输出、反馈等环节构成的动态过程。输入，从内容看，主要包括政治要求、社会愿望、资源条件等；从性质看，主要有要求、支持、反对等；从对行政管理活动的影响分析看，有推动、阻碍等。转换，就是行政系统对输入的反应。输出，表现政府制定的法规、政策以及提供的公共产品和服务。

系统方法是科学决策的重要工具，有助于决策者认清行政格局，发现问题性质，采取最佳决策手段。系统分析方法有助于架构行政科学与其他学科的联系，增加了行政研究的途径，丰富了公共行政学的内容。

上述行政管理学的学习方法，在应用时要注意多种方法的综合运用和多学科综合分析。还要注意定性与定量研究相结合，静态与动态研究相结合。

第二章 行政职能

第一节 行政职能及其类型

行政职能是政府作为国家行政机关，依法对国家政治事务和社会公共事务进行管理时应承担的职责和所具有的功能。就国家职能而言，行政职能是立法职能、司法职能的对称，是国家公共职能的一种。国家的公共行政职能主要就是国家行政机关承担的职能，职能的主要内容是国家行政机关依法管理国家政治事务和社会公共事务。在静态的意义上，行政职能指宪法和法律对国家行政机关功能与任务的界定和赋予；在动态的意义上，行政职能指政府依据宪法和法律赋予的责任、权利和义务，通过行政行为管理国家事务和社会事务的活动。因而行政职能会随着国家职能和社会发展的变化而相应发生变化。

行政职能是国家职能的一个重要组成部分。行政职能体现着国家行政管理活动的性质和方向，是国家行政活动的前提和依据。行政职能体现了行政管理的基本内容和活动方向，是行政管理的本质表现。

一、行政职能的特点

1. 阶级性。政府的行政职能具有阶级性，这是由国家的政治性特征所决定的。政府行政职能的发挥是以国家性质、国家政治制度和国家结构形式为基础和前提的。政府代表统治阶级的利益，其行政职能也必然维护统治阶级在政治、经济、文化和社会上的统治，因此，不同国体、政体和国家结构形式的政府，其行政职能的性质有着很大不同。

2. 执行性。在现代国家的政治架构中，政府的主要功能是执行国家的政策法规，是执行国家意志的机关。即使现代政府具备了很多立法职能，但主要也是执行性立法。与立法机关和司法机关相比，其在国家政治生活中的地位和作用决定了行政职能的执行特点。

3. 广泛性。行政管理的内容非常广泛，涉及国家和社会生活的各个领域。从静态上看，它涉及政治、经济、文化、教育、社会保障、环境保护等各个方面；从动态上看，它包含了行政管理从计划、组织到控制的各个环节。

4. 动态性。随着行政环境的变化，行政职能的范围、内容、主次关系等也必然发生变化。我们在分析行政职能时，要以不同国家、同一国家不同历史时期的工作中心和工作方式为基点，以变化、发展的眼光看待行政职能。

二、行政职能的作用

1. 行政职能是认识行政管理的前提。认识行政管理首先要认识其核心内容——行政职能，在此基础上才能研究行政管理的各个部分及其相互关系。

2. 行政职能是建立行政机构的主要依据之一。行政机构是行政职能的载体，行政职能决定行政机构的设置、规模、层次、数量及运行方式。

3. 行政职能是科学组织管理过程的重要依据之一，它的实现情况是行政管理活动结果的表现。

4. 行政职能的转变是政府机构、人员编制改革的关键。政府的工作机构及人员编制是由政府的职能所决定的，只有依据行政职能的需要，抓住行政职能的转变，才能真正搞好机构改革，建立起充满活力、高效率的政府管理机制。

正确认识行政职能，对实现行政管理的科学化具有重要的指导意义，对国家社会的发展也有重要影响。

三、行政职能的类型

（一）政府的基本职能

政府的基本职能是从不同的领域规定政府的主要职责作用，涉及的内容很多，范围很广，并且随着实践发展还在不断地丰富和演变。政府的基本职能如下：

1. 文化职能

文化职能是政府对全社会文化事业实施领导和管理活动的总和。政府的文化职能是围绕着提高社会的文明程度和人们的整体素质展开的。主要内容如下：

（1）发展科学技术的职能。发展科学技术的职能是政府通过制定科学技术发展战略、方针、政策和法规等，加强对重大科技工作的宏观调控，做好科技规划和预测等工作，重视基础性研究、高技术及其产业化研究，促进科技为经济、社会发展服务。一般的科技工作要重点依靠市场机制来推动。

（2）发展教育的职能。发展教育的职能是政府通过制定社会教育发展战略、方针、政策、法规等，重点普及义务教育，大力发展职业教育和成人教育，适度发展高等教育，优化教育结构。加快教育体制改革，逐步形成政府办学为主与社会各界参与办学相结合的新体制。

（3）发展文化事业的职能。发展文化事业的职能是政府通过制定各种方针、政策、法规等，引导整个社会文学艺术、广播影视、新闻出版和哲学社会科学研究等各项事业健康繁荣发展。一个国家的文化事业能否健康繁荣地向前发展，关系一个国家的文明程度和社会的进步。

（4）发展卫生事业的职能。发展卫生事业的职能是政府制定各种方针、政策、法规等，引导全社会卫生体育事业的发展。增强人民体质，保障人民健康，是关系全民族素质的一件大事。

2. 社会职能

社会职能是指政府对改善和保障人民物质文化生活的事务的管理，是除政治、经济和文化职能以外政府必须承担的其他职能。这类事务一般具有社会公共性，不宜由经济组织承担，而应当由政府从全社会的角度加以引导、调节和管理，同时要重视组织全社会的力量共同参与。

（1）政府社会职能的作用有两点：弥补市场机制的不足；弥补社会主体作用的不足。

总之，政府应该在公平分配、社会资本投资和社会福利保障领域发挥主导性的作用，因为在市场失效的社会公平领域，市场不能自动公平分配社会各阶层的收入；在市场失效的社会投资领域，市场不能诱使企事业单位从事不能盈利的投资或长效投资；在市场失效的社会福利保障领域，政府应该发挥作用。

（2）社会职能，涉及内容，如图 2-1 所示。

```
社会职能 ──┬── 公共建设职能
           ├── 社会保障职能
           ├── 社会服务职能
           ├── 劳资协调职能
           └── 优抚安置职能
```

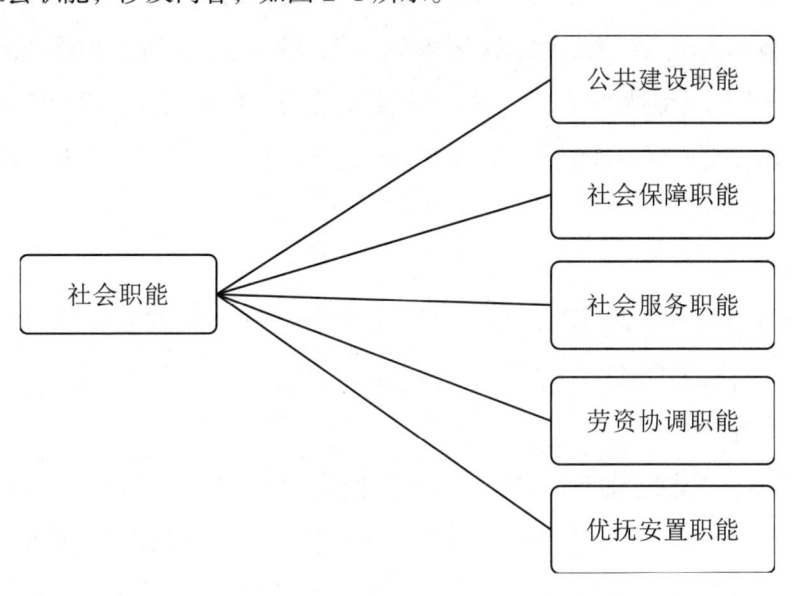

图 2-1 社会职能

①公共建设职能。在市场经济条件下，政府应该承担起社会基础设施建设和公共工程建设的职能。在公共基础设施建设领域，通常会出现市场失灵现象。由于这些工程的资金

需求量大、回收期长、短期利润低，尽管存在社会需求，但不能诱使企业向这些领域充分投资。

②社会保障职能。在防止分配不公平、促进全民福利方面的社会保障职能应由政府承担起来。政府的社会保障职能有两种作用：一是通过政府支出进行国民收入的再分配，使收入平等化，即保证社会的公平和稳定；二是通过社会保障支出扩大社会购买力，刺激需求，加快经济增长，即促进社会进步。

③社会服务职能。在市场经济条件下，政府应该主动承担起社会服务职能，因为在这些领域中市场无此职能。如消防、环保与公害等社会综合防治，城市交通、规划设计等公共服务，消除地区间经济社会发展不平衡，有计划地开发落后地区的领土整治，为社会服务的信息咨询网络等。

④劳资协调职能。随着社会主义市场经济的成熟，劳动市场日益完善，企业可以自由决定用工，工人可以自由寻找工作。在市场经济条件下，企业主与工人将不可避免地产生各种矛盾和冲突，政府应该承担两者间的协调职能，为经济建设服务。政府主要是通过法律、法规以及劳动仲裁等法律手段来协调企业主与工人的关系，确立他们在经济建设中的权利与义务。

⑤优抚安置职能。对拥军优属、复员和退伍军人的安置等工作进行管理和指导。随着社会经济的发展，在现代社会中国家的统治职能正在走向边缘化，国家与政府的主要职能是通过公共政策的输出为社会提供管理服务。所以，转变政府职能，加强经济职能和社会职能，促进经济和社会协调发展，已成为各国政府履行职能的重点。我们应顺应潮流，加快这一转化，越主动就越会加快经济发展和社会进步，但同时我们必须充分认识到这是一个渐变、渐进式的过程。

3. 经济职能

经济职能是政府根据国家和社会需要对社会经济进行宏观调控，维护和发展经济基础，促进社会经济繁荣全过程的总和，实质上是政府对社会经济生活进行管理的职能。经济职能的主要内容如下：

（1）宏观调控职能。即对国民经济全局进行的总体调节。它包括三个方面的内容：

①国民经济的综合平衡与先导调节，即在充分发挥市场经济在资源配置中的基础性作用的前提下，政府对市场进行前导式调节。政府的前导式调节主要采用经济计划的方式，经济计划主要是指导性计划。

②供给管理职能，这是政府对经济活动的长期调节，政府运用经济发展战略和产业政策促进结构平衡，实现产业的合理化和高级化。

③需求管理职能，这是政府对经济的短期调节，政府根据市场变动，运用财政金融杠杆调节短期供需，达到总量均衡。因此，政府可以针对现实经济生活中的经济状况，综合运用指导性经济计划、产业政策、财政政策、货币政策和行政指导手段，实现对宏观经济的有效调控和经济的稳步增长。

（2）市场监管职能。即政府为确保市场交易的正常进行、维持公平竞争、维护企业合法权益而对企业和市场所进行的管理监督。市场必须在一定的规则下才能够有效运行，正是在这个意义上，市场经济也称为"法治经济"。因此，市场的有效运行必须依赖法律的监督。这一点，在我国由计划经济体制向社会主义市场经济体制转变的过程中，显得尤其重要。

（3）国有资产管理的职能，即政府对投入各类企业的国有资产依法进行管理和监督，以保证国有资产的保值、增值。这是我国社会主义市场经济的突出特征，体现了我国以公有制为主体的生产关系形式。但国有资产管理职能与其他政府经济职能要适当分开。前者是政府作为国有资产所有权代表者的职能，面向拥有国有资产的企业，监督企业实现国有资产的增值；而后者则面向全社会经济、面向各种经济成分的企业、面向市场，对各类企业一视同仁、一个政策。

4. 政治职能

政治职能是政府对社会管理的阶级统治职能，一般是通过行政的强制力直接控制、约束和保卫国家的正常秩序，创造良好的内部和外部环境。政治职能的内容包括：

（1）治安职能。治安职能是维护国家内部社会秩序、镇压叛国和危害社会安全的活动、保障人民的生命财产安全、维护宪法和法律尊严的职能。治安职能是对内的，目标是为社会生活的正常进行提供内部环境。

（2）民主管理职能。民主管理职能是通过一系列的制度来保证民主和防止专断。这些制度包括政府政务官员的选择制、政府业务官员考任功绩制、政府机关公共关系制度、地方自治、基层自治与人民参与等。民主职能要求政府必须提高行政活动的公开性和透明度，并鼓励民众参政议政和监督行政。

（3）外交职能。外交职能是通过政府的外交活动，促进本国与世界其他各国正常的政治、经济往来，建立睦邻友好的双边关系，促进国与国之间互惠互利，反对强权政治，维护世界和平等方面的职能。

近些年，我国在基层民主方面发展迅速，使广大城乡基层劳动群众充分行使了宪法赋予的管理经济、文化事业和社会事务的民主权利。

（二）行政的运行职能

行政职能按行政管理实际运行来划分可分为以下步骤：

1. 计划。计划是指政府为更好地工作，针对一定时期某一问题进行工作设计的行为过程，是行政运行中的首要职能。计划的编制程序主要有：①制定组织的整体目标；②围绕目标，制订可供选择的方案；③对方案进行分析，选择可行的方案；④确定具体实施步骤。

2. 组织。组织是行政机关围绕行政目标，具体筹划和安排行政活动的过程。组织职能主要包括：①分解目标；②落实项目，明确分工；③组织人、财、物、信息；④授予权力，明确责任；⑤建立沟通渠道。

3. 领导。"领导者是指担任某项职务、某种领导角色，并实施领导过程的人。"[①] 领导是为有效实现目标，领导者对下属所采取的各种影响和激励过程。主要包括：①指导下属；②激励下属；③协调与沟通；④创造良好环境。

4. 控制。控制是政府为使组织目标按计划完成而对执行过程进行检查、督促和纠偏的管理活动。常用的控制方式有汇报、会议、检查、核算、意见箱等。控制职能要求：①控制标准明确；②控制幅度恰当；③获取偏差信息的渠道畅通；④调节措施有力；⑤检查督促及时有力。

第二节 市场机制与政府干预

一、市场机制的调节作用

市场存在竞争，为了供给和需求达到平衡，市场需要充分、有效地发挥其调节作用，并使每一个消费者都实现最大的满足，使每一个生产者都获得最大的利润，从而使社会上的生产资源得到充分利用，使整个经济体系均衡协调的向前发展。

1. 市场经济存在着"市场失灵"的情况。"市场失灵"主要是指市场机制在实现资源配置方面存在许多的局限或缺陷，不能实现预期社会经济目标，因而不能达到最优。"市场失灵"的主要表现有：①公共产品的供给；②市场经济中的垄断；③市场经济的外部性；④市场波动与经济的不稳定性；⑤市场经济下的收入不平衡。"市场失灵"是主张实行政府干预的强有力的理由。

---

① 葛敏. 我国当今行政领导者素质研究 [D]. 昆明：云南大学，2013：9.

2. 实际经济生活中存在着外部经济效果。外部经济效果的现代意义是指，在存在着规范化竞争的市场经济中，市场价格不反映生产的边际社会成本。这样一来，社会生产资源便得不到最大限度的利用，经济效率便得不到最大限度的发挥。

3. 市场竞争忽略收入分配和失业问题。竞争性市场不能带来收入分配的适度均等，单纯依靠市场机制解决不了收入分配两极分化的问题。超过一定限度的收入分配不均会打破经济中的供求平衡关系，阻碍经济发展；市场竞争同样解决不了失业问题，失业的存在表明社会资源的浪费。并且，失业和收入分配不均不仅会导致严重的经济问题，而且会导致社会的不安定，对社会经济发展构成严重的威胁。市场机制在实现充分就业和收入分配均等化等方面所表现出来的无能为力，构成了"市场失败"的又一种情况。总之，在市场经济中，由于存在着多方面的"市场失灵"，政府对于国民经济的调节便成为必不可少的事情。

4. 市场调节对于公共物品的生产是起不到完善的调节作用的。公共物品具有两个主要特征：非竞争性和非排他性。非竞争性是指消费人数的增加不会引起生产成本的增加，从而在资源的使用上不会与其他产品的生产形成竞争关系，即消费者人数的增加所引起的社会边际成本等于零；非排他性是指公共物品一旦提供，就不能排除社会中的任何一个人免费享受它所带来的利益。公共物品是社会所必需的，不充分考虑公共物品的生产和供给，资源配置就不可能是最优的。然而，市场机制在调节公共物品的供给上却无能为力，这就构成了"市场失败"的一种情况。

二、政府干预的调节功能

在"市场失败"的地方，需要政府进行宏观调节，以弥补市场的缺陷。在市场经济中，政府应具有以下功能：

1. 调节国民经济的总供给和总需求使两者达到均衡。在市场经济出现供求不平衡时，政府应该运用财政政策、货币政策进行适当的调节，使总供给和总需求达到均衡。总供给和总需求还包括进口和出口，一国经济的供求均衡还应包括国际收支平衡在内。

2. 保护竞争，消除垄断，使市场竞争机制正常发挥作用。应制定和贯彻保护竞争、防止和消除垄断的法规，保持价格杠杆上下变动的灵活性，以便充分有效地发挥其调节作用，使资源配置实现最优化。

3. 消除个人消费和私人生产的外部经济效果，为实现资源配置最优化提供另一个必要条件。对于具有外部经济效果的经济活动，政府可以将各有关方面结合起来综合考虑，做出适当的安排，使一方对另一方的外部经济效果变成内部的经济影响，使造成消极外部效果的生产者或消费者负担起应有的损失，使带来积极外部效果的取得应有的收益，从而使那些为社会带来有利和不利影响的生产者和消费者各得其所。

4.承担公共物品的生产,促进公共物品的发展。仅仅靠市场,社会不能获得足够的公共物品,然而公共物品又是社会所必需的。因此,在公共物品领域,政府必须直接出面,承担公共物品的生产和提供。

5.依靠政府的宏观调节来实现充分就业和收入分配均等化。在经济萧条,存在大量失业的时期,政府必须采取扩张性财政政策和货币政策,以增加有效需求,减少失业,促进经济增长。在经济过热,出现通货膨胀时期,政府必须采取紧缩性财政政策和货币政策,以抑制消费和投资需求,降低通货膨胀率,促进经济稳定发展。与此同时,政府还必须采取社会福利政策,以促进收入均等化。

政府调节和市场调节是人类社会生产发展到一定阶段所使用的两种资源配置的方式,两者构成一对矛盾,既相互对立,又相辅相成,它们将存在于该历史发展阶段始终。如何处理好两者之间的关系是一个重大的历史课题,需要人们坚持不懈地来解决。

第三节 我国行政职能的转变

一、行政职能发展的特征与内容

(一)行政职能发展的特征

1.政府职能的扩大化

"转变政府职能是深化行政体制改革的核心。"[①] 政府职能扩大化是自国家出现就开始了的一种现象。科学技术和社会经济的迅速发展,是政府职能日益扩展的原因。

在当今社会,科学技术日新月异,社会生产力发展突飞猛进,社会生产的矛盾迫使各国政府扩展了自己的职责范围,承担起更为广泛的社会责任,研究和解决这些新问题。同时,国力的增强,科技的进步,政府管理能力的提高,也为政府解决这些问题提供了条件。

从全球范围看,经济全球一体化、政治文化的多元化以及信息技术的网络化,使得各国政府的对外职能也大大扩展开来,更多地参与国际合作与交流。

2.政府职能的社会化

在国家出现之前,社会运行的职能由社会自身承担,是一种自发、自觉的行动。国家

---

① 马英娟,李德旺.我国政府职能转变的实践历程与未来方向[J].浙江学刊,2019(03):74.

产生以后，就把历史上沿袭下来的社会职能承担起来，否则无法维护整个社会的生产、生活秩序，也就无法维护统治阶级的利益。社会管理职能只能是国家消亡后，社会管理职能又还给社会。所以，政府职能的社会化是人类文明发展和社会进步的规律。

在当今时代，由于人民民主意识的增强，各种社会组织的完善，给政府职能社会化创造了条件。"小政府、大社会"的要求，为政府摆脱管理困境，实现政府职能社会化提供了理由。推行民营化计划，鼓励和支持"第三部门"等做法，是当今各国行政职能社会化的主要表现。

3. 社会管理职能的强化

在当代各国行政职能体系中，政治职能在逐渐减弱，社会管理职能在逐渐加强。从国内来看，各种社会矛盾或阶级矛盾的解决，是依靠调节保持社会稳定。这种调节职能表现为：

（1）政府通过与各种利益集团、各种社会力量之间的妥协来达到平衡。

（2）通过吸收广大人民群众参与各项管理，改善官民关系、劳资关系等。

（3）通过对上层建筑和生产关系的调整与改革来适应经济基础和生产力的发展要求，保持现实和未来的发展平衡等。

从国际上看，和平与发展成为当今世界的潮流，各国之间关系总体上由紧张转为缓和，由对抗转向对话。协商、对话、求同存异、共同发展，是处理国家间关系的主要途径。

在这种背景下，各国政府的社会管理职能成为行政职能的重点，发展经济是政府工作的核心。政府通过改革，或增加干预或减少干预，以求获得政府与市场之间的良好关系，最大限度地推进经济发展。政府通过建立和完善社会保障制度等做法，承担起保障人民权利的责任。

（二）政府职能转变的内容

1. 职能重心的转变。政府工作重心的转变是由社会基本矛盾变化决定的。新中国成立初期，阶级职能是政府职能的重心。从发展趋势看，政府管理社会公共事务的职能，将逐步从以经济职能为主向以经济和其他社会事务管理职能并重的方向发展，以促进经济和社会协调有序地发展。

2. 职能内容的转变。政府管理内容的调整变化是发展社会主义市场经济和实现政府职能优化及管理科学化的客观要求。按照社会主义市场经济的要求，政府应将不属于自己的职能交还给企事业单位及社会中介组织等，防止政府职能的"越位"；将属于自己的职能收归政府，避免政府职能的"缺位"，实现政府与其他非政府组织之间的职能重新调整与组合。通过这样的职能转变，找准政府在社会公共事务管理中的位置。

3. 职能方式的转变。我国实行社会主义市场经济体制，市场在国家宏观调控下对资源配置起基础性的作用。这就要求政府的管理方式发生根本性的变化：①由运用行政手段为主转向运用经济手段为主，并将经济手段与法律手段、行政手段结合起来；②由微观管理、直接管理为主，转向宏观管理、间接管理为主；③由重计划、排斥市场转向以市场为主，计划与市场相结合。

4. 职能关系的转变。职能关系的转变是指政府系统内部纵向层级和横向部门之间的职能重新划分和配置。中央与地方政府之间的职能划分和配置，应按照必要的集中和适当的分散相结合的原则，合理划分中央与地方政府的职能范围，明确各自的权力和责任。

凡属国家事务和全国性公共事务管理职能，应由中央政府行使，与之相应的机构设置、人员编制、经费支付等也应由中央政府负责；凡属地方性公共事务管理职能，应归地方政府行使，与之相应的机构设置、人员编制、经费支付等均应由地方政府负责。横向部门之间的职能划分和配置，应按照相同或相近的职能由一个部门承担的原则，合理划分和配置政府各职能部门之间的职能，形成协调配合、完整统一的部门职能体系。

二、行政职能转变的必然性与重点

（一）行政职能转变的必然性

行政职能转变是经济发展的必然要求。行政管理属于上层建筑，上层建筑与经济基础相互关系的原理告诉我们，上层建筑直接根源于经济基础，是适应经济基础的需要而产生的；经济基础决定上层建筑的根本性质；经济基础决定上层建筑的发展。经济基础之所以要求上层建筑产生并发展，是因为上层建筑对经济基础起着不可替代的作用，即上层建筑能为自己的经济基础服务。上层建筑可以通过对社会生活和经济生活的干预和调控，排除有害于经济基础巩固和发展的缺陷和障碍。行政职能适应社会生产力发展的要求而产生，也随着社会生产力的发展而变化。社会生产力的发展引起社会生产关系的变化，决定着行政职能发展变化的方向、性质、内容和程度。

行政职能转变是政治发展的要求。行政管理是国家上层建筑的重要组成部分，它与上层建筑的其他组成部分密切关联。行政职能必然受到整个政治法律制度、思想意识形态发展变化的影响。政治体制处于不断的改革发展之中，为适应这种改革发展的需要，行政管理体制也要做出相应的改变。

行政职能转变是社会进步的要求，这样就导致了行政职能出现扩大或缩小的两种趋势，适应人类社会这种发展的要求，行政职能必然处于不断转变之中。

（二）政府职能转变的重点

1. 政市分开

在规范的市场经济当中，政府的作用主要不在于替代市场的作用，而在于增进市场的作用，也就是主要通过制定和执行规则来维护市场秩序，保持公平竞争，为市场机制正常发挥作用创造条件。

凡是通过市场机制能够很好解决的问题，政府就不必插手，而通过市场机制不能解决的问题，政府则必须负起责任，在两者之间实现一种有效的平衡。在需要由政府发挥作用的地方，如果政府不能有效发挥作用，同样会损害市场机制的正常作用。

政府发挥作用的领域主要是三个方面：①制定并执行规则，包括产权的界定与保护，监督合同的执行以及公正执法等；②进行宏观经济的总量调控，进行收入再分配，防止收入差距过大，维持稳定的经济和社会环境；③提供公共产品。政府应当创造一个有效率的市场环境，行使好调控、培育、维护、监督和服务的职能。

2. 政社分开

政社分开是促进实现社会各类角色的合理分化，让政府不再担当"全能政府"的职责，按照社会事务管理的规律，还原社会组织也就是民间组织或者"非政府非营利组织"的应有社会地位，在我国建构一个多元参与的公共管理新格局。

"政社分开"是一个进步的理念，是一个改革的理念，是一个政府管理现代化的理念。随着国家和社会关系的深刻调整，我国的各种社会性组织从基层开始逐步成长壮大。当前形势下，要正确处理政府与社会的关系，加快公共服务社会化进程。这就意味着政府要把相当一部分职能转移给社会，使政社分开，社会自治，进而构建起新型的政府与社会的关系。

（1）按照政社分开的原则，改革事业单位的管理体制，充分发挥事业单位提供公务服务的能力并提高公共服务的质量。

（2）稳步推进社区自治。这就要求政府切实转变职能，防止和避免社区治理"行政化"，将社会事务真正交给社区办理，以"社会民主选举"为重点，遵循"简政放权""费随事转"的原则，鼓励支持居民自治，为社区自治和居民有序参与创造良好的制度环境，建构政府和社会共同参与的治理结构。

（3）大力培育和发展社会中介组织，增强社会"自我管理、自我服务、自我教育"的能力，促进政府职能转变。

（4）要用竞争机制打破政府垄断，采取以私补公的办法，鼓励和吸引私人资本投资到原政府包揽的事业中，促进政府职能向社会转移，使"无限责任政府"变为"有限责任政府"，实现政府与非政府经济风险共担、利益均沾。同时，政府要承载起市场和社会难以承担的事项，弥补两者的不足，最终形成政府与社会的良性互动体系，促进和保障社会公平。

3. 政企分开

（1）政企分开是政府职能转变的关键。政企分开是建立社会主义市场经济体制的内在要求，是政府职能转变的关键，也是政府机构改革成功的必要条件。政府与企业的关系，要按照社会主义市场经济的要求实行政企分开，管行业不管企业。政府主要管行业的规划、政策、法规，行业组织则对企业进行约束和内部协调，企业不再在行政上隶属于专业部门。

政府与国有企业的关系：①政府只对投入企业的资本享有所有者权益，对企业债务承担相应的有限责任；②企业自主经营、自负盈亏、照章纳税，追求市场份额与经济效益；③企业对国有资产负有保值增值的责任，政府监督企业资产运营和盈亏状况。

（2）政企分开条件下，政府的职能定位转变。政府职能的根本途径是政企分开。要坚决把属于企业的权力放给企业，把应该由企业解决的问题，交由企业自己去解决。政府的职能应集中在保护产权和维护市场经济秩序、促进公平竞争方面。

①维护市场秩序，促进公平竞争。对于经济转轨中的中国来说，当前最迫切的是反垄断，必须严格制止欺诈、造假、低价倾销等不正当竞争行为。能否形成良好的信用氛围，不仅关乎经济是否能持续快速增长，也关乎我国改革的成败，必须引起我们的高度重视。

②保护产权。受到法律保护的产权是市场交易的前提。与传统计划经济不同，今天的产权主体已经多元化。在这种情况下，不仅要保护国有资产、其他各种公有财产的产权，更要严格保护公民的私有产权。在目前的中国，除了保护产权，还有一个规范产权的任务，使企业的产权既规范又名副其实。

三、政府职能转变的深入发展

政府职能的范围应该取决于市场和社会的需要，市场的需要来自矫正政府失灵的需要，而社会的需要则来自对公平的需要。确定政府职能转变的因素是多方面的，既要考虑政府所依存的经济基础，又要考虑所依存的社会基础，还要考虑政府自身的能力。从当前我国经济改革和社会发展的实践来看，今后政府职能转变已呈现新的发展趋势。

（一）政府职能的市场化转变

（1）政府将职能中应该由市场主管的事项还给市场，由市场自由调节，政府不再直接干预市场。

（2）对于应由政府主管的事项尽可能地引入市场竞争的机制，公平竞争，合理配置资源，逐步消灭行业垄断。政府职能的作用要充分体现在创造有效益的市场环境，维护并培育市场。

（3）政府内部职能分配也将逐步引入市场竞争模式，在政府内部形成多中心的服务供给和消费模式。

（二）政府职能的社会化转变

政府职能中可以由社会性组织承担的，政府应将这部分职能转移给社会性组织，或者有些社会性事务政府不要去管，而由社会自由调节。社会性公共组织应该逐渐成为政府职能分化的载体，这些组织包括社会性的经济组织、社会性的服务组织和文化组织等，我们也将这类组织统称为"非政府"或"非营利性"组织。

社会性公共领域的众多事务，对于这些公共领域的社会事务，政府应将其交由社会性公共组织去管理和操作，充分发挥社会性公共组织的作用。政府把精力放到建立与维护市场、社会的环境和秩序上，制定政策与法规，加强指导、引导和监督、检查，提供公共物品、公共设施和公共服务。

（三）政府职能的规范化、法治化转变

长期以来，我国的行政组织法律制度没能完全建立起来，因此在政府职能转变过程中还应该重视规范化和法治化的问题。政府职能转变的规范化是指政府转变过程中应该遵循一定的方法、步骤和方式。

政府职能转变应该结合我国的实际情况，循序渐进，有计划、有步骤地进行。政府职能转变的法治化是指在条件成熟的情况下，将政府职能通过法律、法规的形式固定下来，而不是朝令夕改，应该保持政府职能的相对稳定性，同时要建立起政府各级公务人员的法治观念，完善依法办事的程序，增强依法办事的能力。

总之，政府职能是与时俱进的，它总是随着政治体制的变革、经济的发展、社会的进步等客观情况的变化而不断转变，随着人们思想认识的改变而不断转变。我们应当运用科学手段，正确认识和准确把握历史发展的进程、经济和社会的需求，以确定政府管理的力度和底线。更重要的是要着眼于未来，根据国家发展的战略目标与要求来界定政府职能，加快政府职能的转化，这应该是我们目前行政管理体制改革中政府职能转变的重点。

第三章 行政组织

第一节 行政组织及其结构

在国家政治上层建筑的范畴里，行政组织具有突出的地位和作用，是国家机器的主要组成部分之一。国家行政组织以其特有的公共行政管理方式，最直接地表现国家职能的性质：第一，在本质上，它是占据国家统治地位的阶级推行其意志的工具，保证反映国家性质的宪法和法律全部、正确地实施；第二，在形象上，它是社会和公众利益的正式代表者，要实现国家对广泛社会生活的有效领导和管理。

"行政组织发展是行政发展因而也是社会发展的基本方面。"[①] 行政组织是日常、大量、繁重国务活动的直接承担者，其管理思想、管理行为和管理方式，直接关系国计民生、国富民强以及社会的稳定与发展。组织是管理的物质存在形式，任何行政管理的问题都与行政组织相联系，所以行政组织始终是行政管理学的最基本的问题之一，也是关于国家组织的最重要的宪法和法律范畴之一。

一、行政组织的特点

国家行政组织的法权地位和与之相一致的公共行政管理的广泛性及其对国民承担的责任，决定了国家行政组织的特点。

（一）权威性与法治性

1. 权威性

行政组织作为国家权力的合法代表，以国家的名义管理社会公共事务，拥有着凌驾于整个社会之上的权威，并用强制力来保证其政策法令的实施。全社会的团体、公民都有义务服从行政组织合法的管理与指挥，并不许与之抗衡，否则，要用法律和政纪加以惩戒与制裁。

[①] 教军章，拉塔纳. 行政组织发展的伦理文化解释[J]. 行政论坛，2016，23（03）：29.

2. 法治性

（1）国家行政组织是依据宪法和法律的精神、原则、规范、程序所建立的国家组织系统，其组织宗旨、人员编制、机关设置、财政预算等都必须符合宪法和法律的规定。这些方面的变更也必须经过法定的程序，由立法机关或有权机关予以重新审批。

（2）国家行政组织行政行为或行政管理的内容和方式必须遵从宪法和法律的要求，一切重大的方针和政策都必须取得立法机关的同意。即使是行政裁量行为，也必须符合宪法和法律的精神或原则。超越权限的行为，将受到追究和制裁。

（二）政治性与系统性

1. 政治性

行政组织作为公共权力的重要组成部分和国家意志的执行主体，其活动过程必然表现出鲜明的政治性特征。作为国家政治上层建筑的一部分，行政组织要服从立法，要贯彻执行宪法、法律和法规，并受到政治体系的严格监督与控制。

2. 系统性

系统性是指国家行政组织具有极强的整体性，其权力关系、组织结构和工作流程具有上统下属、上下贯通、左右联系、纵横交错、头尾相接、政令归一的特征。在这个体系中，不同的机关掌管不同的社会行为主体或行业，实施相应的行政管理，并通过行政首长在各机关之间予以整体性协调。同时，组织体系形成以授权为基础的序列和等级，表现为各级行政首长或机关职责与权力的统属关系。所以，国家行政组织通常可以划分为中央政府与地方政府、上级机关与下级机关、行政首长与普通公务员等。

（三）社会性与服务性

1. 社会性

国家职能的两重性决定了行政组织必须承担管理社会公共事务的社会职能，它体现了行政组织的社会性特征。任何国家的行政组织在行使管理社会公共事务职能时，都须为全社会提供服务，其行为都具有维护社会公共利益的属性。行政组织的这种社会性是由行政组织的维护阶级统治、稳定社会秩序的目的所决定的。

2. 服务性

行政组织的社会性是通过其服务性表现出来的。行政组织作为管理国家政务的机构，还必须履行发展和完善社会各种公共事务的服务职能，即政府必须努力发展经济、文化、教育及各种公共福利事业，为整个社会提供服务。

行政组织作为国家政治上层建筑的重要组成部分，必须为经济基础服务。它要根据国家政治、经济、文化等事业的需要，制定各项法规政策，发挥其管理职能的作用，巩固经济基础，促进社会的发展。

（四）动态性

动态性指国家行政组织永远处在动态之中。国家行政改革，比如机构和人员的调整、决策力的增强、行政职能的扩展、新技术和新设备的采用等，都是在一个持续不断的动态过程中完成的。离开了动态的过程，行政组织将失去社会意义。

二、行政组织的要素

"行政组织是为完成特定的公共职责而设立的。"[①] 行政组织的组建及其享有的权利是宪法和法律规定的，是由国家权力机关或上级国家行政机关授予的。行政组织的要素包括：

1. 人员构成。人是组织中的决定要素。根据行政管理的需要有选择地吸收、调派和配备素质和能力与职位要求基本相称的人员，是行政管理的一项重要内容，恰当的人事组合和人员调配是实现政府职能目标和提高工作效率的关键。

2. 职能目标。职能目标是指行政组织的职责功能和工作目标，是组建政府机构的前提，也是行使相应行政权力的根据。职能目标体现行政组织在整个政府管理中的地位和功能。

3. 机构设置。依据行政组织的职能目标，设置一定的组织机构及其相应的职位，包括横向的部门安排和纵向的层级设置，要考虑组织间的沟通和协调以及对组织效率的影响。

4. 权责体系。具有公共权力是行政组织履行职责的必要条件，根据职能需要和授权原则赋予不同层级、类型、区域行政组织以必要的行政权力，设定必要的责任是行政组织结构的基础。要明确权力的界限，有权必有责，权力与责任是统一的。有权无责必然会导致权力的滥用，有责无权则难以保障行政管理职能和目标的实现。

5. 规则体系。规则体系包括法律规范和管理制度。法律规范不仅是行政组织得以设置和实施行政管理的基础，同时也是使其依法有效行政的根本保证。而灵活的管理制度能够保证组织行为的有效性，进而实现社会目的。

6. 行政经费。这是行使权力、履行职责的物质基础。政府没有充足的经费，就无从购置必要的办公设备和其他设施，从而无法完成行政目标，而且也难以吸收优秀人才。

---

① 王英. 加强行政组织建设有利于遏制腐败 [J]. 中国监察, 2006（06）：52.

三、行政组织的分类

政府复杂的行政管理功能是通过不同行政机关功能的整合体现的。按照各种机关的功能和作用范围，行政组织大体可以分为以下分五类：

1. 首脑机关。首脑机关亦称领导机关或决策中心，是指中央政府或地方政府统辖全局的领导机关。首脑机关的职能是对辖区内的重大行政问题进行集中领导和决策，并督导决策的实施。首脑机关是行政组织的中枢或统率，是政府效能的关键。

2. 职能机关。职能机关是隶属于领导机关或位于行政首长之下，执掌一定专业行政事务，由本身或督率其所属机构实际实施的机关。例如，我国国务院所属的各部、委、办及各地方政府负责专业行政管理的厅、局、处、科等，大部分行政机关都是职能机关。

3. 咨询机关。咨询机关亦称智囊机关或参谋机关，也是一种辅助机关，只是因为它在行政管理中具有特殊的作用，故作为行政组织的一种专门类型来加以研究。它是一种现代政府组织形态，通常指汇集专家学者和有实际经验的政府官员的专门为政府出谋划策、提供论证和政策方案的行政机关。咨询机关既不是执行机构，也不是秘书班子，具有业务独立的地位，其基本职能是研究咨询、参与决策、协调政策、培训人才和宣传科学知识。现代行政对咨询的依赖程度是逐步加深的。

4. 派出机关。派出机关是一级政府或政府职能部门根据政务管理需要，按管辖地区授权委派的代表机关。派出机关不构成一级政府行政机关，其权力是委派机关的延伸，因而以委派机关授权的性质、程度和范围为转移，其职能也比较单一。派出机关的主要职能是承上启下实行管理，即督促检查辖区行政机关贯彻执行行政上级的决议和指示，同时向委派机关报告辖区行政机关的情况和意见，并完成委派机关交予的其他事项。派出机关可能代表一级政府，如代表城区政府的街道办事处；也可能代表某一职能部门，如中华人民共和国审计署驻各地特派员办事处。

5. 辅助机关。辅助机关也称办公机关，指为行政首长或为自身机关服务的机构，它对各专业职能部门没有直接的指挥和监督权力。辅助机关可分为综合性或专业性、政务性或事务性几类，通常指协助行政首长处理日常事务的综合性办事机关。各级政府的办公厅（室）就属于综合性的辅助机关。各行政机关的人事、财务等部门是专业性辅助机关，政策调研室是政务性辅助机关，机关事务管理部门是事务性辅助机关。

四、行政组织的结构

（一）行政组织的纵横向结构

1. 行政组织的纵向结构

纵向结构，又称组织的层级化。行政组织的纵向结构指的是行政组织的纵向分工，是行政组织内部各层级之间的纵向等级模式，即要在行政组织各机构内按上下层次关系，设立若干层次，上下层次之间构成领导与被领导的垂直关系。纵向结构具体表现为：①不同层次的行政机关上下级的主从关系；②同一行政机关内设置的各行政组织之间的上下级关系。

行政组织的纵向结构的基本问题是确立各层级之间的隶属关系。要解决这个问题，必须处理好行政层次与行政幅度两个因素。

（1）行政层次。行政层次是指行政组织中的层次数目。按层级组建的行政组织，被划分为若干层次，形成一个等级分明的金字塔结构，处在塔尖的行政高层通过一个等级垂直链控制着整个行政体系。

任何国家政府组织都是按层级化设计的，无论是联邦制国家还是单一制国家都不例外。一般来讲，纵向结构的等级层次有四个，即高、中、低、基层。大体上，在我国中央政府属于高层，省级政府属于中层，市和县级政府属于低层，乡镇政府属于基层。组织的高层负责总目标、方针政策的制定；中层负责分目标的制定，执行上层决策，协调下层活动；低层负责完成上级的决定，协调基层组织；基层组织落实上级决定和政策。

层级化的主要问题是行政层次的数目必须适当。就提高行政组织的运作效率而言，要尽量减少行政层次的数目。层次过多，既造成人力、物力、财力的浪费，又影响整个行政管理的运营，从而降低行政效率，产生官僚主义弊端。当然，这并不是提倡层次越少越好，而应本着精简、效率的原则，以取得最佳的行政效能为尺度，合理设置行政层次。

（2）行政幅度。行政幅度，又称行政控制幅度，是指一个层次的行政机构或一位行政领导所能直接、有效控制的下级机构或人员的数目。科学的行政幅度没有统一标准。它的宽窄与四个因素有关：①行政层次。在一个特定的组织内行政幅度与行政层次成反比关系，行政层次越多，则每一行政机构的行政幅度就小；反之，行政层次越少，则每一行政机构的行政幅度就会增大。②组织内权责划分程度。权责明确，监督范围就可以扩大；权责不清，则行政幅度相应会缩小。③组织成员的素质。如果成员受过良好训练，有良好的判断力和创造力，行政幅度可适当增大。④组织机构的合理程度以及物资设备和技术传送的先进程度也影响行政幅度的宽窄。

2. 行政组织的横向结构

行政组织的横向结构又称行政组织的部门化，是指行政组织的横向分工，是行政组织内同级行政机构之间和机构内部各同级部门之间平衡分工、相互合作与协作的关系模式。横向分工的形成是行政工作的日益复杂、行政组织的日益庞大所造成的。为提高行政组织运作效率，不得不分设单位，分工管理。

行政组织的横向结构，根据不同角度和标准进行划分：

（1）根据地域划分。区域划分是根据政治、经济、文化、人口、环境、历史等不同因素划分行政区域，组成不同层次的行政组织。如我国全国划分为若干个省（自治区）、市，省（自治区）划分为若干个县、旗（自治县、旗），市划分为若干个区，等等。

（2）根据管理职能划分。职能划分是将政府在一定时期内负有的职责和功能进行组合分解，组成若干个职能部门承担各种专业职能，每级政府可划分综合部门、职能部门和直属部门。

（3）根据管理程序划分。程序划分是根据行政管理流程的需要，将管理的各个环节划分开来，交由各个部门掌握，程序划分使得各环节职责明确，分工明晰，科学性较高。

行政组织的部门化是层级化的基础，有利于整体分工与协作，突出管理专业化、程序化特征，有利于行政效率的提高。但部门林立、机构臃肿也会带来一定的问题，须加以重视。

随着新技术革命的兴起，管理信息系统的建立，减少了对组织管理层次的过分依赖。因此，改革旧的结构形式已成为时代的必然。

（二）行政组织结构的标准

行政组织结构是指行政组织各机关、各部门及各层级之间，为履行行政职能而建立起来的一种相互关系模式，由纵向结构和横向结构交叉而成。在行政机制的运行中，良好的行政组织结构是完成行政组织目标、提高行政效率的物质基础，它有着重要的行政功能。

合理的组织结构能有效地满足行政组织目标的需要，有利于稳定工作人员的情绪，调动工作人员的积极性；合理的组织结构，能使组织保持良好的沟通关系，是提高微观和宏观行政效率的前提条件。组织结构不同，其作用和效能的发挥也就不同。研究行政组织结构的目的，在于找到优化的结构模式，以便更好地发挥其职能。

合理的组织结构应具备的主要条件如下：

1. 任务与组织平衡。每个职位、单位、部门，一级行政组织的设置刚好与所要行使的职能、任务相平衡，既能充分地满足工作的需要，又能使每个组织和个人工作量饱满，使事有人做、人有事做，人与事得到最佳组合。

2.各个组织、人员之间按比例配制。按照各个单位之间、各个人员之间的工作衔接关系及其工作量的比例关系来设置单位和人员，使整个行政工作的流程能够畅通地、协调地发展。各个行政组织工作是互相衔接的，没有因漏设或工作量轻重不均而使工作流程中断的现象发生。

3.分工明确，合作良好。行政组织结构的实质是以职能为内容进行分工——个人之间、单位之间、部门之间、各级之间的职能分工。分工的目的：①使各个具体职能能够得到最好的执行，使每个单位和人员能在"专"的基础上做到"精"。因此，分工要明确、清楚，尽量做到专业化，以便于精通业务；②为了更好地合作，使整个行政组织的职能因分工得到更好的、相互密切配合的执行。

4.适应环境，具有弹性。现代行政组织是一个适应环境的开放系统，组织系统能否适应环境，并且具有弹性，这是衡量组织结构是否合理的又一标准。组织结构是组织环境与组织内各系统之间联系的纽带、网络，组织环境制约着组织结构特性，不同的社会环境——尤其是经济环境，要求行政组织内部有不同的职责分工关系，即要求有不同的组织结构。因此，任何行政组织结构都是稳定性与可变性的统一。为了保持合理性，组织结构必须随着环境的变化适时地加以调整，使结构具有适应性、伸缩性和应变性，以适应变化了的新环境的需要。

第二节 行政组织建设的基本原理

行政组织建设的基本原理是行政机构设置、调整、废止、建设和管理的理论依据，是行政机构改革的理论指南。既遵循一般组织建设的普遍规律，又带有行政性或公共性特点。

一、组织沟通原理

行政组织内部以及行政组织与外界必须建立畅通的信息交流关系，行政组织内部以及各行政组织之间必须建立良好的写作配合关系，这样才能保持目标的一致性，保持对外部环境的适应性。

组织沟通原理有以下要求：

1.建立规范化的沟通渠道和沟通方式，并以制度保障。任何的沟通只有在有了标准的情况下才有意义，才能实现有效地沟通。

2.必须建立有效的协作制度。

3. 注意非正式沟通。

二、职能目标原理

目标是组织存在的价值，职能是目标实现的途径。行政组织是实现政府职能目标的工具，因此，必须依据政府职能的需要设置、调整和废止相应的行政组织机构，并且适应政府职能目标的需要，对行政机构进行经常性的调整和改革。

行政组织建设遵循组织设计的职能目标原理。行政职能目标的内容确定了行政组织机构设置的规模，明确了行政组织的权责界限，提供了编制管理的依据；行政组织的结构须根据职能目标的变化做出适应性调整，比如适应服务型政府职能转变的大部制改革。因此，目标设计是行政组织建设的首要工作。

合理的行政组织目标主要有三个方面：第一，目标明确。目标表述要清楚，时间概念上要准确，空间概念上要严格。第二，目标一致。组织目标上下贯通、前后衔接、左右联系、由高至低、由内而外，共同服从于总目标。第三，目标组合。将行政组织目标的层次性、差异性进行整合，形成一个完整的目标链，达成总目标。

在组织管理中贯彻职能目标原理必须注意以下问题：

1. 政府的职能是随着行政环境和政府任务的变化而发展变化的，因此，在组织建设中，要密切注意政府职能的变化，确立行政组织职能的目标体系。

2. 政府职能目标的变化，是调整和改革行政机构的前提。在组织建设中要对职能目标进行经常性的调查认证，以确认职能目标变化的状况和变化的周期，并在此基础上，决定增设或废止哪些机构，明确哪些机构需要裁并，哪些机构需要加强，以保证职能目标的实现。

3. 政府职能目标是决定政府组织规模和人员编制的先决因素。组织建设中，组织规模的大小，人员编制的多少，权限责任配置的轻重，都要视政府职能目标的状况而定。

三、权力分配原理

权力分配是官僚制组织设计的基础，合理合法的权力或职权体系是官僚制组织的核心要素。行政组织是最典型的官僚制组织，其权力分配的效率不仅关系到行政组织的效率问题，更直接涉及行政组织的合理性和合法性问题。

权力分配是国家行政组织即典型的科层制组织结构的基础，通常情况下权力与责任成正比关系，即权力越大，责任越大，反之亦然。权责分配合理将使上级与下级、机关与机关、成员与成员之间既彼此分工又互相合作，形成整体效能的内在机制。

权力分配原理要求有以下方面：

1. 职、责、权相对应，如同正三角形。行政组织是一个权责系统，因此职、责、权一致是行政组织建设的基本原则之一。在行政组织中，职务、责任、权限三者是互为条件、相互平衡、三位一体的。每个层级、部门、单位，乃至每个行政人员都必须有职、有责、有权，职权相称，权责一致。

2. 各部门权力不能有交叉。政府应合理划分各部门的职责权限，避免交叉重复。相同或者相近的职能尽量地由同一个部门承担。

3. 要考虑工作量和人的素质、能力。工作人员的选择必须根据工作任务的多少、工作难易程度等科学地加以限定，坚持因事择人，做到人尽其才，争取以最少的人力投入，取得最大的效能。

四、精简高效原理

精简高效是党和国家在组织建设中一直贯彻的原则。贯彻精简高效的原理的基本要求包括：

1. 机构设置要合理精干。合理性表明政府规模要合理适度，符合行政管理的实际需要；精干意味着设置最低限量的机构和最低限量的职位，可设可不设的机构和职位坚决不设，实设机构和职位要有科学依据。

2. 人员编制要合理精干。人员数量必须根据工作任务的多少、管辖范围的大小、工作难易程度等科学地加以限定，坚持因人择事，防止因人设事，做到事得其人，适材适所，以最少的人力投入，取得最大的效能。

3. 坚持能效至上。效能是行政组织内部的行政效率和外部的社会效益的有机统一。效能至上表明行政组织机构的增设和废止，要以效能高低为取舍标准；同时，在组织运行过程中，要把整体效能放在首位，注意组织内部的纵向和横向协调与功能的整合。

五、管理幅度和层次适度原理

管理幅度又称为行政幅度，是指领导机关直接管辖下属部门或人员的数额。管理层次是指行政组织系统划分层级的数额。管理幅度和层次适度就是根据不同的组织系统确立幅度与层次的最佳限度。

贯彻管理幅度与层次适度原则，科学地确定管理幅度与层次，要注意以下量的关系：

1. 管理幅度与层次成反比。在机构和人员不变的情况下，管理幅度越大，层级越少；反之，管理幅度小，层级必然增多。

2. 管理幅度与管理者的管理素质、管理水平、管理手段的先进程度等因素呈正比例关系。即管理者的管理素质、管理水平和管理手段先进程度越高、越先进，行政幅度就越大，反之亦然。

3. 管理幅度的大小与行政事务难易程度、组织内部信息是否畅通、规章制度是否健全等因素密切相关。

第三节 我国行政组织体系

一、中央人民政府机构

1. 国务院办公厅。国务院办公厅是协助国务院领导同志处理国务院日常工作的机构。

2. 国务院组成机构。国务院组成机构是国务院机构的主体部分。它们负责领导和管理政府某一方面的行政事务，并相对独立地行使某一方面的国家行政权力；工作中的方针政策、计划和重大行政措施，应向国务院请示、报告，由国务院决定；根据法律和国务院的决定，在本机构权限内发布命令、指示和规章。各组成机构的名称都冠以"中华人民共和国"字样，它们的设立、撤销、合并，须经总理提出，由全国人大或全国人大常委会决定。

3. 国务院直属特设机构。直属特设机构是指政府为了管理某类特殊的事项或履行特殊的职能而单独设立的一类机构。

4. 国务院直属机构。国务院直属机构是国务院根据工作需要设立、由国务院直接领导的职能机构。它们负责领导和管理某一方面的行政事务，其业务具有独立性和专门性。

5. 国务院办事机构。国务院办事机构是国务院根据工作需要设立、协助总理办理专门事项，其工作直接向国务院总理负责的机构。

6. 国务院部委管理的国家局。部委管理的国家局是由国务院组成部门管理的，主管特定业务，行使行政管理职能的国务院行政机构。它具有相对的独立性。部委管理的国家局根据工作需要，可以代拟其业务范围内的法律和行政法规草案，在报经主管的组成部门审核同意后，由组成部门报国务院审议；国家局可以根据法律和国务院的行政法规、决定、命令，在其权限内拟定部门规章、指示、命令，经主管的组成部门审议通过后，由组成部门或国家局发布。部委管理国家局的设立、撤销或者合并程序与国务院直属机构相同，其行政首长人选由国务院决定。

7. 国务院行政序列外机构。国务院非常设机构是指常设机构之外，多担负跨地区或跨部门的综合性、协调性工作的机构，须经国务院常务会议讨论决定。国务院直属事业单位是指不直接担负政府行政管理职能,但所从事的精神生产或物质生产的基础工作与国务院的工作有直接关联的单位。

二、地方各级人民政府机构

地方各级人民政府实行省长、市长、县长、区长、乡长、镇长负责制。民族自治地方的自治机关是自治区、自治州、自治县的人民代表大会和人民政府。

1. 省级政府机构。省级政府机构,包括省、自治区、直辖市人民政府及其所属行政机构。在行政级别上,省级政府与中央政府的组成部门相当,统称为"省部级",是地方最高一级政府机构,对领导区域经济和社会的发展起着重要作用。

2. 市级(地区、州、盟)行政机构。在我国,城市与其他地区相比有其特殊性,而且各城市之间差异也较大,其人口数量、产业结构、城市建设及管理任务也不尽相同。因此,城市与其他地区之间、各类城市之间,在政府机构设置和人员编制上,均有所不同,应区别对待。

地区是省、自治区的派出机构,管理几个县、自治县和市,不是一级地方政权。地区,1975年以前称专区,设专员公署。地区始设于国民党政府时期,中华人民共和国成立后沿用,后称地区,设行政公署。

自治州是中国少数民族聚居地方为实行民族区域自治而建立的介于省级和县级之间的一级行政区域,设人民代表大会和人民政府,是一级政权机构。自治州下分县、自治县、市。

盟是中国内蒙古自治区地级行政区域,原是蒙古族旗的会盟组织,设人民代表大会和人民政府,是一级政权机构。盟下设县、旗、市。

3. 县级政府机构。县域作为具有独立性和完整性的基础行政区域,其机构齐全、功能完备、承上启下。它是中央政府、省级政府与乡镇、村联系的中间环节,是城乡之间的结合部,是整个国民经济和社会发展的基础层次。县域在整个国民经济和社会发展中占有重要地位。

4. 乡镇级基层政府机构。乡镇是农村的基层政权组织,担负着具体领导和组织农业生产和农村工作的繁重任务。乡镇机构设置总的要求是,围绕农村经济建设这一中心,健全功能,强化服务,精兵简政,提高效率。

5. 特别行政区政府。特别行政区是中华人民共和国的一个享有高度自治权的地方行政区域,直辖于中央人民政府。中央人民政府负责管理与特别行政区有关的外交事务和防务。香港特别行政区行政长官是香港特别行政区的首长,代表香港特别行政区。

中央政府进行最宏观和最高层次的决策,主要致力于整体和全局;省级政府进行区域决策以及高层管理与执行，主要致力于上下的平衡；省级以下乡级以上的地方政府为中低层，是职能转变的主要体现者，主要致力于执行与效率；乡镇政府在实际运作时，往往并不表现为完整意义上的地方政府，最多只是一个政策的执行者。不同层级地方政府间的关系，实质是中央政府和地方政府之间关系的延伸。

在我国，中央政府和地方政府间的关系显得非常复杂，这种复杂性一方面是因为中国中央政府与地方政府的关系缺乏基本的规范化和制度化；另一个重要的原因是中国地方政府本省的多样性。中国地方政府的多样性主要有：一般意义上的地方政府、实行民族区域自治的地方政府和特别行政区的地方政府。

中国地方政府与地方政府之间的关系，是国内政府间关系的中轴，直接决定着国内政府间关系的格局，中央与地方关系的内容包括权力关系、经济关系以及隐藏于这些关系后的利益关系。

中央政府与地方政府之间的权力关系主要体现在行政权和司法权。中央政府与地方政府的行政权关系主要是指国务院和地方人民政府之间的关系，是一种行政领导关系，其中还有一定范围内的行政立法权关系。中央政府与地方政府的司法权关系是指最高人民法院与地方人民法院之间的关系，最高人民检察院和地方人民检察院之间的关系。在法院系统，两者是法律上的监督关系和业务上的指导关系，不是领导与被领导的关系；但在检察院系统，两者是领导与被领导关系。

中央与地方的经济关系主要体现在财政关系上。无论从哪个角度来说，财政都是现代政府权力的一个主要标志。国家能力强弱的一个最重要标准，就是国家能否从社会汲取和分配财源。中国中央政府与地方政府之间的竞争或紧张关系，主要表现在财政领域及与之相关的责任领域。财政关系一直都是中国中央政府与地方政府间关系的实质内容。

中央与地方的利益关系主要包括政治利益关系和经济利益关系。中央政府和地方政府之间的利益关系既是统一的，同时又存在差异性。在中央集权的体制下，中央与地方的利益关系主要靠自上而下的强制性行政手段来协调，具体体现为下级服从上级，地方服从中央；在市场经济体制下，中央与地方的利益关系应主要体现为互惠、互利和平等关系。

随着中国改革的不断深入以及社会主义市场经济体制的不断完善，人们在对待中央与地方关系上，逐步形成了一定的共识：一是维护中央权威，二是地方大有可为，三是权责一致。只有这样，才能克服过去中央地方之间相互扯皮、效率低下，甚至相互干扰、相互推诿等问题。

第四章 行政决策与执行

第一节 行政决策及其模式

决策是人类有意识的活动，决策意味着选择，是人类的一种理智性的选择，不同于动物具有的根据条件反射做出的选择。决策是指个人或群体为实现其目的，改变环境而进行的一种设计、选择和决定活动及其成果。决策既与人们对环境的认识有关，也与人们的需要有关，最终还与人们的行动有关。

决策作为一种重要的管理行为，具有的主要特征包括：第一，针对性。即针对提到议事日程上需要作出决定的问题。第二，目标性。决策是为了达到某个预定的目标。第三，选择性。决策是对多个方案进行比较后做出选择。第四，可行性。决策方案能付诸实践，解决问题，收到预期效果。第五，预测性。要预见未来行动的环境、条件和效果。

一、行政决策的特征

"在现代行政方式体系中，行政决策有其独立之品相。"[1] 行政决策是行政主体在处理国家政务和社会公共事务过程中为履行行政职能，实现行政目标，对未来行政方案进行设计和抉择的过程。行政决策具有不同于其他决策的特征包括：

1. 决策主体的特定性。只有拥有行政权的组织和个人才能成为行政决策的主体。我国宪法和相关法律规定，行政权由行政机关行使。行政机关之外的某些国家机关和社会组织，获得宪法和法律的授权，享有一定的行政权后，也可成为行政决策的主体。

2. 决策内容的广泛性。行政决策内容涵盖国家事务、社会公共事务和行政机关内部事务等三个领域，其他如企业、事业单位和社会团体的决策，其内容主要限于各自的内部事务，一般不涉及国家事务和社会公共事务。

3. 权威性。行政决策体现国家意志，以国家强制力为后盾，不仅对行政组织的内部成员，而且对各级行政组织管理范围内的所有组织和个人都具有约束力。与其他组织的决策相比较，权威性是其突出特征。

---

[1] 江国华，梅扬. 行政决策法学论纲 [J]. 法学论坛，2018，33（02）：58.

二、行政决策的类型

（一）根据决策条件和可靠程度

1. 确定型决策。确定型决策是指决策信息完备，只存在一个确定的目标，面对一种环境和条件，各个不同方案的结果均可确定，按照要求从中选出最佳方案，即可获得确定无误的结果。

2. 风险型决策。风险型决策是指有一个确定的目标，面对两种以上环境和条件，不同方案在不同环境条件下的结果可以计算，虽不能完全断定未来出现的是哪一种环境条件，但可预测其出现的概率，有一定把握，也要冒一定风险的决策。

3. 不确定型决策。与风险型决策相似，不同的是，不能预测环境条件出现的概率。因而结果不确定，决策没有把握。

（二）根据行政决策客体范围划分

1. 宏观决策。宏观决策所涉及的客体为全局性、战略性的重大问题，这类决策通常具有涉及问题范围广、执行时间长的特点。

2. 微观决策。微观决策是指行政主体在其职责范围内，对宏观决策的具体执行步骤、方法和措施等做出的决策，这类决策一般具有具体性、技术性等特点。

（三）根据行政决策内容的性质差异划分

1. 常规性决策。常规性决策又称例行性决策、重复性决策或确定性决策。这类决策涉及的是例行性事务，具有方法和程序上重复的特点，决策者完全可以凭借自己的经验，按照例行规章和程序做出决定。

2. 非常规性决策。非常规性决策所处理的问题是具有突发性、偶然性和随机性的事件。做这类决策时，没有现成的规范和原则可以遵循，没有既定的方法和程序可以参照，没有可靠的数据、资料可以运用。其决策过程具有应变性和不确定性特点。常规性决策与非常规性决策的划分是相对的，因为偶发事件一旦重复出现就成为常规事务了。

三、行政决策的原则

1. 信息原则。

行政信息是行政决策的基础，在通常情况下，决策的科学性、正确性和信息的及时性、完备性和准确性成正比。决策过程实际上是一个信息的收集、加工和变换的过程。行政决策的信息原则要求要建立和健全信息通道，并利用电脑来提高对信息的收集、分析和处理能力。

2. 预测原则。

任何行政决策都是对未来行动所做的一种设想，是在事情发生之前的一种预先分析和抉择，具有明显的预测性。预测原则要求决策者运用科学工具，从定性、定量、定时、概率等各方面，对决策对象的发展趋势、决策本身的时空条件、决策执行的影响后果等，做出准确预测，减少和避免决策失误。

3. 可行原则。

决策总是要付诸实施的，要实施就得具备实施的现实条件，即具有可行性。行政决策，包含了诸多复杂的因素，只有通过综合的全面的可行性分析，才能得出方案是否可行的结论。为此，要充分占有各方面的实际材料，根据现有人力、物力、财力、时间等主客观条件以及发展过程中的种种变化，对方案进行政治、经济、技术、文化、伦理等方面的可行性分析，从而使方案建立在牢固的现实条件的基础上，使方案的实施具有可操作性并有最大成功的可能。否则，无视现实条件与可能，即使再好的决策也会因无法实施而缺乏实际价值。

4. 系统协调原则。

任何事物都处于普遍联系之中，行政问题和行政决策本身都可以看成是一个系统，总是与其他行政因素相联系。在方案规划时，要从系统论的观点出发，进行综合分析。将整体利益与局部利益相结合，内部条件与外部条件相结合，眼前利益与长远利益相结合，主要目标与次要目标相结合，注意各项行政决策之间的相互联系、相互影响、相互制约关系，既要考虑到不同层次行政决策之间的纵向协调，又要考虑到相同层次行政决策之间的横向协调，从而使各项政策成为一个有机整体，相互支持，协调配套，以产生尽可能好的整体效应。

5. 择优原则。

决策要追求优化和满意，就必须优化目标，并提出必备数量的备选方案，通过比较和筛选后，从若干个方案中筛选或综合出满意的实施方案。

6. 动态原则。

行政决策系统是一个开放系统，环境变化了，政策也必然随之做出相应的调整与变动。因此，在方案规划时要从长远出发，留有余地，使之具有适当的、可以调节的弹性，并根据对未来情况做出的预测，准备好应变措施。特别要注意执行过程中的信息反馈，一旦发现政策与客观情况不相适应，就应及时调整。

四、行政决策的地位

行政决策是行政管理的关键，也是行政管理的一项基本内容。决策水平高低直接决定了行政管理活动的绩效。

行政决策是行政管理过程的中心环节，是执行各项行政管理活动的基础。行政决策贯穿于行政管理的始终，无论哪一级行政机构和哪一类行政人员，都要涉及行政决策。行政决策是行政人员最根本的任务，是行政人员最经常、最大量的活动。作为下级，要对上级的指示制定贯彻落实的计划措施，同时，又要在执行过程中对出现的各种问题进行决策。行政管理过程中的计划、组织、领导、协调、控制等职能都以决策为基础，为实现决策目标服务。

成功的决策往往是行政管理成功的关键，在社会经济文化发展诸方面起着不可忽视的作用。行政决策是行政组织有效运行的导向。党和国家的路线、方针、政策是通过行政决策贯彻执行的，政府行为正确与否，在很大程度上取决于行政决策正确与否。行政决策为各级政府指明目标，通过决策规范政府行为，使社会人力、物力、财力、技术和信息等要素合理配置以提高行政效率。行政决策科学化还有助于行政机关自身行为的规范化和科学化，从而为塑造良好政府形象设定规范和尺度，为廉洁高效政府的实现创造条件。

五、行政决策的影响因素

一项行政决策的做出，实际上是一个非常具体和复杂的过程。在现实决策活动中，有许多因素影响着决策者对问题的判断和方案的选择，它们的作用有时是潜在的或无意识的，却比决策的原则和方法对决策者的思想影响更大。

（一）政策和法律

现代社会中，法律是最高权威，一切国家机器的存在都是维护法律、执行法律的需要。政府是按照法律规定建立起来的管理社会公共事务的组织，其管理行为包括决策行为，必须以法律为依据。国家法律制度的不同，直接决定了不同政府在同样问题上可能产生完全不同的决策结果。政策是否稳定，法律是否完备，对政府的行政决策产生直接的影响。

在我国，现行的政策和法律是各级政府机关进行决策的主要依据。行政机关无论是为贯彻上级命令进行的执行性决策，还是在自主权限内进行的自主性决策，决策者首先要考虑的一个重要问题是有无政策和法律依据。

（二）决策者的素质

行政决策是一种精英决策，无论决策的民主化程度有多高，民主决策主要表现在代表社会不同利益的利益集团，在公共决策中的参与程度和影响程度以及法治化的决策体制的完善状况。政策决策的大任最终是掌握在少数社会精英的身上。

决策者的思想政治品质和道德觉悟对于其决策选择行为产生着深刻的影响；决策者的知识水平、技术能力以及意志品质等素质也对决策发生影响，这些因素影响着决策者对问题的认识、对方案的理性思考以及对决策时机的把握等。

（三）问题的性质

问题本身的重要性、紧迫性和特殊性是其能否成为决策问题的原因。行政管理面对的问题是经常的、大量的，并不表明所有问题都会成为决策问题，只有那些被决策者提到议事日程的问题才可能成为决策问题。

决策者对问题性质的判断，取决于问题分析的透彻程度以及社会呼声的高低。建立起一套科学的社会分析评价的指标体系，较为准确地反映社会问题，是决策者正确判断问题的基础。来自社会各个利益代表集团的要求，也是影响决策者思想的重要因素。公民处于国家政治系统的末端，在公共决策中的作用较小，他们往往是通过结合成或把自己纳入一定的利益群体组织，借助于利益集团的影响力影响政府的决策。在这些方面，发达国家与发展中国家存在着差异。

（四）外界的压力

外界是指独立于决策者以外的各种社会集团、政治团体、社会舆论、新闻媒介等。人民主权是现代社会民主政治体制的基础，是现代民主政府权力的来源，也是政府管理社会事务、制定公共政策的逻辑起点和依据。

现代民主的普遍性要求社会各利益团体都要有自己的代表参与国家管理，参与公共政策的制定。但是，国家管理、政策制定的有效性则要求只能由少数甚至极少数拥有高度权威的政治家来进行。利益集团在表达和汇集利益、监督和制约政府、提高公民的政治参与程度等方面发挥着积极的作用。政府决策不仅要客观地反映自然规律和社会发展规律，还必须最大限度地反映各个利益集团的要求。各个利益集团的要求是不一致甚至矛盾的，他们处于利益维护的需要，不断对政府决策施以压力，政府决策者就是在这种矛盾中寻求公正的协调和平衡。在利益集团影响政府决策的政治体制中，政府的主要任务是建立利益集团竞争的规则，安排妥协与平衡利益，制定政策以规定妥协的方式，执行妥协的结果以解决集团间的冲突。

利益集团对公共决策的作用主要表现在：政治沟通和利益表达；决策的理性分析；政策均衡；增强决策的透明度；等等。利益集团对行政决策影响力的大小取决于许多因素，包括组织成员的多少、财富的多寡、组织能力的强弱、领导能力的高低、与决策者关系的远近，以及集团内部的凝聚力等。

政党对行政决策的影响不可忽视。各国政党制度不同，无论是多党制、两党制还是一党制，都会对政府决策的产生影响作用，甚至是决定性作用。此外，社会舆论和大众传媒对行政决策的影响作用越来越大。这是因为公共行政由公共权力对社会的单向管理转变为政府与社会双向互动实现社会的有效治理。

公众参与和影响公共管理活动的途径主要是社会舆论，社会舆论对民选的政府领袖的决策心理和行为会有重要影响。传媒的社会化、大众化，加之信息工具和手段的现代化、网络化，对行政决策的影响达到了从未有过的程度，而且，这种影响随着科学技术特别是信息技术的飞跃进步会很自然地得到提升。

（五）决策的体制

行政决策体制是依法确立的承担行政决策任务的人员组成以及决断方式等。现代行政决策在决断方式上主要有两种方式：①个人负责制。个人决策方式表现为决策过程简单、灵活，效率高，能充分发挥决策者个人的能动性。在个人决策中，决策者的意志品质、能力素质等因素直接影响决策的质量。②集体负责制。集体决策方式的决策过程严密，须遵从既定的议事决策程序和规则，减少了个人因素对决策结果的影响，但是决策成员之间的冲突和相互之间的心理影响也会使决策质量发生变化。

集体决策的决策规则主要有全体一致规则和多数裁定规则。

1. 全体一致规则。全体一致规则是指一项决策须有决策集体的全体成员都表示同意或者至少没有一个成员表示反对的情况下才能获得通过。全体一致原则，也称"一票否决制"。这种决策规则的优点是实现每个投票人都能通过自己的投票行为获益，至少没有人会因此利益受损。但是，这一规则在国家决策中难以被采用，大量社会公共问题的解决往往要损害到一些阶层、群体的利益，因此国家公共决策要达到全体意见的一致在大多数情况下是不可能的。

全体一致规则由于任何一个决策者的否决会导致决策方案的否决，所以保证了决策参与者享有平等的地位和权利，任何人不能把自己的意志强加于他人。采用该规则，决策成员对于决策问题要经过多轮的磋商、协调和讨价还价，使大家能达成一致的意见和需求。

因而全体一致的决策方式通过一项决定往往要经过一个艰苦而漫长的过程。

2. 多数裁定规则。多数裁定规则也叫多数规则，这是集体决策模式中最普通、最常用的做出决定的方式。与全体一致规则相比，多数规则无须进行无休止的讨价还价，可以大大降低决策成本。根据决策群体和决策问题的规定上的不同，多数规则又划分为以下种类：

1）相对多数规则。一项决策方案是否通过，取决于它所获得的赞成票是否超过反对票的票数，或者在对几个竞争性方案进行投票选择时，获得赞成票数最多的一种方案通过。

2）绝对多数规则。一项决策方案是否通过，取决于它所获得的赞成票是否占决策集体成员数的半数以上。其中又分为简单多数（赞成票超过表决票的一半）和限定多数（如赞成票超过表决票的 2/3，或 3/4，等等）。究竟选择何种集体决策规则要视决策问题的重要性以及时间的紧迫性。一项决策随着赞成人数的增加其决策成本相应增加，而外部风险相应减少。多数裁定规则，不管是相对多数还是绝对多数，决策的参与者都不得不考虑决策的成本和外部风险。

六、行政决策模式

行政决策模式，又称为决策行为模式，是决策者有规律的、反复出现的、可以使人照着做的标准的决策行为样式。对行政决策模式的类型，学界并没有权威性的划分，但依据学者们对这一概念的实际运用情况，大致上是从两个方面来加以讨论。

（一）决策主体类模式

1. 精英决策模式

精英决策模式的基本特点是，政府政策反映占统治地位的精英们的价值和偏好。政府政策是由占统治地位的精英们决定，然后由政府官员和机构加以实施。

精英决策模式的特点如下：

（1）社会总是分为掌权的少数人和无权的多数人。社会价值的分配是由少数人来决定，群众因无权而不能决定政府政策。

（2）少数精英和杰出人物主要是来自社会中经济地位较高的那个阶层，他们不是群众的代表。

（3）公共政策所反映的是杰出人物的利益、感情和价值观念，政府政策的变化将是渐进性的，而非革命性的。

精英决策模式的局限性是显而易见的。从民主政治的要求看，政府最基本的目标是维护和增进公共利益，为此，政府公共政策需要反映广大民众的利益和价值取向，必须获得人民群众的认同和拥护，否则任何一个政治系统都不可能稳定和发展。

2. 集团决策模式

利益集团的存在是政治生活的主要特征之一，而且行政决策过程实际上是集团间设法影响政府政策的过程。利益集团为影响政府决策而彼此博弈是当代政治生活中的基本事实。在集团决策模式下，行政决策的结果是各个利益集团之间竞争之后所达成的妥协和协议，它意味着利益集团力量的暂时的均衡。一旦利益集团之间力量的对比发生变化，政策会随之改变。

此外，以上模式不一定符合我国行政管理的实践，因此不能简单地拿来解释我国行政决策过程。

（二）决策过程类模式

决策过程类模式是以决策活动过程的基本步骤及其所运用的方法为标准划分的决策模式。

1. 无限理性决策模式

理性决策模式的特点是在目标上追求最优化，但在现实中，决策者不可避免地要受到知识、能力、资源、时间及其他环境因素的限制，因此，难以具有完全的理性及认识能力，不可能做出最佳选择。理性决策模式是一种过于理想化的决策模式。理性决策模式可以分为：无限理性决策模式与有限理性决策模式。

（1）无限理性决策模式。无限理性决策模式中，人被假定为具有全知全能理性的人，即决策者能够通过其理性的认识能力确切知晓整个社会的价值重心，能够寻找到达成目标的所有决策方案及其后果，知道每个决策选择方案的收益与成本的比例，知道每个方案的价值和优劣性，从而排出优先顺序，然后从中选择最有效的决策方案。

（2）有限理性决策模式。在现实中所有决策都是在人类有限理性基础上的决策。原因包括：

①人的知识具有不完备性，要受主观认知、理解能力和客观条件的限制。决策者对政策问题及其环境的理解总是零碎不全的，不可能具备完备的知识。

②预测的困难。决策是面向未来的，方案的选择是以对未来的预测为前提。由于决策环境的变动性和公共问题的复杂性，任何预测都不可能是完全准确的。

③选择范围的有限性。按照纯粹理性的要求，决策主体要在全部可能的备选方案中进行比较和选择，但实际上人只能想到全部可能方案中的很少的几个。

④时效的局限。即使每种可能的行动方案都能够发现、每一种行动方案的全部后果都

能够预测，其所需要的时间也会超出行政决策所能承受的极限。因为决策要考虑时机，决策的时机稍纵即逝，一旦时机错过，再好的决策也无济于事。

正是由于决策者理性的有限性，行政决策者充其量只能在力所能及的范围内，对可能找到的备选方案做出"满意的"的决策。因而，有限理性模式又称满意模式。

2. 渐进决策模式

人的理性由于受到种种不利因素的制约，决策无法达到完全的理性，因而理性决策模式提出的决策必备的条件不仅使决策成本提高，而且使决策分析过分依赖于专业技术人员，强化政府权力，减少了公民参与决策的机会和可能性，并且无法解决决策面对的价值冲突和不确定性问题。

政策的制定既是一个科学的过程，又是一个渐进发展的过程，是谨慎的步步试错的过程。行政决策者在进行决策时，应尊重历史，认真分析现行的政策方案，总结经验教训，然后再做出决策。

在一个行政生态相对稳定的社会里，该模式的效度相当高；但是，在急速变迁的社会里，渐进变迁便不能满足各种社会主体勃发的新需求。另外，渐进模式一味地企图化解冲突，维护现状，对于社会革新则显得无能为力，反映了一种消极的保守倾向。

第二节 行政决策的过程分析

一、行政决策过程中的信息与咨询

（一）行政决策的信息系统与公开

1. 行政决策的信息系统

信息是通过一定物质载体记录和传递的人们对客观事物的现象及其运动规律的认识内容。语言、文字、数据、符号、图像等是信息的表现形式，其所包含的意思或说明的问题就是信息。信息具有广泛性、共享性、可传递性、可转换性、时效性的特点。行政信息是反映行政管理活动和行政管理对象的特征及其发展规律的各种数据、资料、情报、符号等的总称。信息是决策的基础，是沟通联系组织部门与层次的脉络和纽带，是实施控制的依据。行政决策的过程实际上是一个信息输入、转换、输出的过程，信息的质量在一定程度上决定了决策的质量。科学的决策要求具备准确、及时、完整的信息。建立和完善行政信息系统对于行政决策具有非常重要的意义。行政信息系统是专门为行政领导者提供信息服务的系统。这个系统主要由信息源、信息工作机构、信息工作人员、信息工具、信息工作制度等要素组成。行政信息系统的工作，主要是通过四个基本环节对行政信息进行科学处理：

（1）收集信息。收集信息可以由行政管理人员来进行，也可以由信息专门人员进行。信息收集渠道要多，要及时、全面。为此，行政部门应制订信息收集计划，形成制度，建立多种信息收集渠道，并采用多种收集方法。

（2）加工信息。收集信息后，要使行政信息对于领导，领导者有用，必须对信息进行加工。信息加工就是把收集来的信息按照一定的程序和方法，通过分类、分析、判断、编制，使之成为一份真实准确的行政信息资料。

（3）传递信息。将可有信息迅速准确地传输到有关机关和人员。信息传递的方式有很多，在行政系统中可以进行上行传递、下行传递和平行传递；可以采用邮送、电报、电话等传统方式，也可以用激光通信、电传通信、网络等现代通信手段。

（4）储存信息。储存信息就是把加工、使用过的信息资料储存下来，形成信息资料库，以便于以后随时利用。

在信息爆炸的今天，建立和完善现代化的行政信息系统非常必要。

2. 行政决策的信息公开

行政决策信息的公开侧重于过程性信息的公开，过程性信息的公开也是公民参与行政决策的前提和保障。"政府信息公开，是行政机关依据相关法律规定，按照一定的程序，在履行其职责的过程中对除特定信息之外所有信息的公开。"[①]

（1）二者的逻辑关系。

1）行政信息公开是行政决策信息公开的基础。行政决策信息公开属于行政信息公开的一部分，二者属于包含和被包含的关系。必须把行政信息公开研究与行政决策信息公开研究有机结合起来，才能更好对行政决策信息公开进行研究。

2）行政决策信息公开是行政信息公开的深化。行政决策信息公开是在行政信息公开的基础上，继续深化对行政信息公开的研究。行政决策信息公开制度的建立和完善有利于丰富和发展行政信息公开制度。信息公开制度更加充满活力。行政信息公开制度的长足发展也促进了行政决策信息公开制度的长足发展。二者存在相辅相成，共同发展的关系。

3）行政决策信息公开和行政信息公开既有联系，又有区别。二者的区别表现在：行政决策信息公开更具动态性，行政决策信息公开重点在行政决策过程性信息的公开，从问

---

① 郭敏.行政信息管理理论视域下的我国政府信息公开研究[D].南京：南京航空航天大学，2011：8.

题的确定，到纳入决策议程再到酝酿决策方案、形成决策方案等各阶段的信息公开是一个连续的动态的过程，而行政信息公开则多为结果性信息的公开，是静态的信息公开；行政决策公开，不仅要求结果公开，也要求过程公开，行政信息公开则一般只要求结果信息的公开；行政决策信息公开不仅要求事后的公开，同时也要求事前、事中的公开，而行政信息公开一般只要求事后的公开，不要求事前和事中的公开。所以，行政决策信息公开相比政府信息公开的要求更高。

（2）行政决策信息公开的特征。

1）更加注重过程性信息的公开。决策信息公开不仅注重结果性信息的公开，还更加注重决策过程性信息的公开。决策信息公开的目的不仅在于使公众知晓决策结果，更重要的是通过决策过程性信息的公开，使公众实时了解决策动态，并及时参与到决策中，为决策建言献策，提高行政决策的科学性、民主性。注重过程性信息的公开是行政决策信息公开的重要特点。

2）更加注重保障公众的参与权。行政信息公开着重于保障公众的知情权，而决策信息公开在保障公众知情的同时更加注重保障公众的参与权，即参与行政决策的权利。行政决策信息公开的最终目的是通过保障公众的知情权，进而促进公众参与权的行使，并在决策信息公开的基础上，为公众行使参与权提供必要的保障。实践中，决策前的听证会制度，民意调查制度等，都是在制度层面保障公众决策参与权的具体体现。公众参与行政决策是决策信息公开的应有之义，是决策信息公开最重要的特点。

（3）行政决策信息公开的完善建议。

结合行政决策信息公开存在问题及问题出现的原因，再结合信息公开工作中的实践经验，为行政决策信息公开的完善提出相关建议。以建立健全行政决策信息公开制度。

1）深化决策公开的实践活动。深化决策公开的实践活动应当在国务院办公厅的统一领导下，做好三点工作：一是将包含决策公开的"五公开"信息公开模式推广至全国范围，并在实践中不断扩大公众可参与决策事项范围；二是明确决策信息公开的特点，确定决策信息公开与一般信息公开的区分标准；三是在现有经验下，规范决策公开的内容和模式。当然，以上工作的开展离不开法律法规的规范和指导，在实践中也应当加强法治建设。

将包含决策公开在内的"五公开"信息公开模式在全国范围内推广，在技术和实践上并没有困难。国务院办公厅只需以国务院规范性文件的形式加以规定各省区市开展相应工作，并定检查和考核各地的工作状况即可。至于扩大公众可参与决策的信息公开事项范围则要求在实践创新的基础上，加大实践中的探索力度，并在时机成熟时，以立法的形式对公众参与的决策公开事项范围进行规范。决策公开形式上的工作容易开展，而实质性内容则需要做好第二点和第三点。

深化决策公开实践活动的重点和难点在于第二点和第三点。在决策公开工作中要明确决策公开的特殊之处，即重视决策过程性信息的公开，以及通过过程性信息的公开来保障公众的参与权、表达权。决策公开制度建立的目的就是为公众参与行政决策提供保障。决策公开工作的开展要以是否便于公众参与相关的行政决策为核心。所以决策信息的公开既要满足公众的知情权，也要在一定程度上满足公众的参与权。所以衡量相关的行政信息是属于决策公开的内容还是一般的行政信息，区分标准就在于公众是否有可能通过相应的途径参与相应的行政决策。以此为标准，并在现有的经验下，规范决策公开的内容和模式。

关于规范决策公开的内容和模式的具体做法，将决策公开分为决策预公开和决策后公开两大类。决策预公开的内容在完成相关决策后，自然归入决策后公开的类别；在决策预公开的内容中，要重视建立相应的民意调查制度，根据具体决策内容，民意调查可以采用简便的问卷调查方式，也可以采用网络听证会的方式收集民意、集中民智。其中民意调查制度的原则和方法应当根据地方实情，通过地方规章或规范性文件的形式固定下来。增加民意调查的规范性和可操作性。最后在强调规范性的基础上，也要结合地方特色，留出继续改革创新的空间。

只有把公众参与作为决策信息公开的重要内容，并畅通民意反馈和民众参与的途径，才能赋予决策信息公开制度充分的活力。在此基础上，决策信息公开的实践活动将得到极大的发展。并有利于推动建立健全行政决策信息公开制度。

2）加强立法。

第一，构建决策信息公开法律体系。行政决策信息公开法律体系建设要立足现存的法律规范。行政决策信息公开具有行政决策和信息公开双重属性，信息公开制度具有基础作用，在此基础上推动行政决策的民主化、科学化建设。

第二，规范自由裁量权的行使。规范的法律用语对于规范行政决策机关的自由裁量权具有重要作用。规范的法律语言是法律条文的基础。行政立法应当条文明确、具体，用语准确、简洁，具有可操作性。在行政决策信息公开领域的立法应尽可能避免使用"可以"等赋予决策机关"两可"权力的法律用语，避免赋予行政决策机关过大的自由裁量权。另外，"可以"的语境应当尽量细化，即明确可以为某事或可以不为某事的具体情形，令行政权的行使更加精确化。在规范类似行政裁量权时，要切忌矫枉过正，必要的自由裁量权是行政机关健康运行必不可少的条件。

第三，增强决策机关的独立性。增强行政决策机关的独立性需要加快党的意志的法律转化。加快党的意志的法律转化有助于增强相关条例在行政决策信息公开领域的协调性。

加快把党的意志转化为全民共同遵守的法律法规也是建设社会主义法治国家的内在要求。行政决策程序建设和信息公开制度建设成果的取得与坚持党的正确领导密不可分。但是要完善行政决策法律体系建设及完善相关责任体系的建设，需要在坚持党的领导的前提下，实现行政机关的独立自主决策。将党的"决策公开"的法治理念通过合法程序完全转化为切实可行的国家法律或法规。把党在行政决策公开法治建设中提出的要求、发现的问题及建议通过国家正规立法途径体现在法治建设上。不断完善行政决策信息公开相关立法。

增强行政决策机关的独立性，在国家行政法立法层面的具体做法是在坚持党在行政决策信息公开的大政方针领导的同时，使党或党委在具体事项的具体实践中抽身出来，让行政机关具体负责行政决策信息公开的具体事项，党或党委处于监督者或者引导者的地位，把握大的发展方向。

3）扩大决策公开的范围和深度。

第一，扩大决策公开的范围。扩大行政决策信息公开范围首先要贯彻信息公开"以公开为原则，不公开为例外"的原则，在现有法律框架下，行政决策机关要大胆实践，坚持信息公开基本原则，逐步增加应当主动公开的行政决策事项，扩充主动公开目录。

建立行政决策公开事项动态增加目录，目录实行时时全国共享，使实际公开的决策事项范围逐渐接近应当公开的决策事项范围。在此情形下，行政决策信息公开的实际范围会不断增加，能更好地保障公众对行政决策信息的知情权，也为其参与行政决策提供了基础。

扩大行政决策信息公开的范围也需要继续深化服务型政府建设，坚持为人民服务的宗旨。限制行政决策机关的审核权，一方面需要不断深化服务型政府建设，加强政府工作人员的道德建设；另一方面也要通过立法的方式或者司法监督、行政机关内部的监督的来限制行政决策机关的自由裁量权，以上方法在本章中均有专门部分论述，在此不再赘述。只有在内部道德建设和外部强制力监督的共同推动下，行政决策机关才能提高为人民服务的质量，不断完善行政决策信息公开工作。

第二，扩大决策公开的深度。扩大行政决策信息公开的深度，即将行政决策信息公开阶段由目前决策中阶段的草案形成后阶段拓展到整个行政决策中阶段即决策草案的形成前阶段，甚至扩展到决策前阶段。这需要建立新的行政决策过程性信息的公开标准。考虑我国的国情，即公众参与行政决策的参与率低。可以适当放宽行政决策过程性信息公开的标准。要扩大决策信息公开的深度，应该把过程性信息和内部事务管理信息的公开标准改为：此类信息的公开可能影响相关公众的权利义务的或公开后无任何实质性负面影响的，均应当及时、准确公开此类信息。在此标准下，增大了决策前阶段和决策中阶段信息公开的可能性，有助于扩大行政决策信息公开的深度。策的参与率低的情况下，新标准下的决策过程性信息的公开只会有限增加信息公开机关的行政负担。增加决策信息公开机关的工作量而促进公民知情权和参与决策权的实现，也符合政府为人民服务宗旨。

4）提高公众地位。

第一，促进公众有效获取决策信息。缓解行政决策机关与公众的信息不对称问题，一方面需要通过立法和司法手段限制行政决策信息公开机关的"自由裁量权"，并扩大信息公开的范围和深度，多方面保障决策信息最大限度的公开；另一方面也要利用现代信息科技手段，提高公众的信息获取率。促进公众有效获取行政决策机关已公开的行政决策信息，可以有效缓解行政决策机关和公众之间的信息不对称的问题。

行政机关在加强信息公开网络平台建设和信息公开工作的基础上，需要同时利用多种宣传手段积极宣传自身的工作成果，使更多的社会公众知晓简单快捷的决策信息获取平台。同时也应当利用教育手段，教授公众基本的网络信息检索和获取技巧。教育机构也可在相关政治教育课程中，系统教育学生有关政府信息公开基本常识和获取信息的基本技巧。这样既可以对公众进行政治启蒙，也可以为公众之后的知情权和参与权的实现，打下坚实基础。

第二，建立有效的民意表达机制。建立主要由社会公众组成的行政决策领域的公众咨询委员会制度，以协商民主的手段保障公众的知情权和参与权。

明确行政决策公众咨询委员会的设立目的是保障公众在行政决策中的知情权以及决策参与权。公众咨询委员会参与行政决策的全部阶段，运作期间坚持问需于民、问计于民、问政于民、问效于民的指导思想，在行政决策中注重搜集民意，汇集民智，并发挥好政府与公众的纽带作用，及时向公众公布相关决策信息。另外需要充分保障公众咨询委会委员的意见表达权，并明确决策咨询委员会的意见和建议作为行政决策的重要参考，决策中没有采纳委员会意见的，要详细说明理由。

完善行政决策公众咨询委员会的机构设置。委员会的设立应当贯彻独立原则，避免其成为行政机关的"代言人"。委员会可以采取秘书处和委员大会相结合的架构设计，秘书处负责与行政决策机关的沟通以及召集委员大会，秘书处的组成人员具有当然的委员身份。秘书处可以由公众认可度高的且具有公共精神的专家、学者或者人大代表、政协委员以及威望较高的民众组成。委员大会作为具体行政决策的议事机构，其组成要有广泛的代表性，以保证代表的广泛性、均衡性，其中利害相关人和普通民众的比例应占委员比重的一半以上。委员大会遵循"一事一议"原则，贯穿行政决策的全部阶段。

确保行政决策公众咨询委员会民意代表作用的发挥。一部分公众通过咨询委员会制度成为临时委员，可以第一时间得到"一手"行政决策信息，在委员会中也可以更加便捷地表达自己的意见,这些意见可以作为行政决策的参考意见。委员的知情权和参与权能够得到充分保障。未进入咨询委员会的其他民众,也可以通过委员及时准确地了解相关决策信息。

5)加强司法监督。行政权力的司法监督是权力制约理论的重要体现,以司法权监督行政权是权力制约的重要方式。加强司法监督对于规范行政决策机关的行为,保障公众的知情权和参与权具有重要意义。

建立健全信息公开行政诉讼指导案例制度,使司法机关在对"自由裁量权"进行审查时有案例参照,促进审判标准的统一,在一定程度上也可以防止司法机关审查权的滥用。构建良好的行政决策信息公开指导案例制度,在规范司法机关合理性审查权的同时,也必将促进行政决策信息的公开工作的发展,使司法权成为公众知情权与参与权的重要保障。

另外,需要继续深化司法体制改革,并以司法独立作为司法体制改革的最终目标。因为行政诉讼的特殊属性,为了防止行政权干预司法权,也为了打消司法机关对审判行政机关存在的顾虑,可以设立专门的行政法院来专门处理行政诉讼案件。在专门行政法院中进行系统分类,进一步设立专门的审判机构审理有关信息公开的行政诉讼案件。

6)构建多元化监督体系。构建行政决策信息公开的多元化监督体系需要同时注重社会公众监督、司法监督以及行政机关的内部监督。监督体系的构建需要明确保障公众知情、参与权的宗旨,以确保公众知情权与参与权的行使。

加强社会公众在决策信息公开的作用与提高公众的地位密切相关。行政决策公众咨询委员会是较好的监督平台,公众咨询委员会不仅是良好的民意表达平台,也是公众行使监督权的重要场所。在咨询委员会中,可以把公众的"权利"联合起来,形成更为强大的"权利",甚至成为"权力"。

"权利"的联合可以对行政决策机关形成强大的制约力,以保障公众的知情权、参与权、表达权和监督权。行政决策公众咨询委员会的组织形式在前文已有论述,在此不再赘述。加强司法监督和社会公众的监督可以有效弥补行政机关内部监督可能存在的不公正问题,可以更好地保障公众的知情权与参与权。

在重视社会公众监督和司法监督的同时,也要继续重视上级行政机关的监督,以保障行政决策信息公开工作在合理、合法的范畴内有效开展。

(二)行政决策的咨询机构

自古以来,决策者就重视和利用咨询,因为决策者的智慧有限,但科学决策要求须具备尽可能完全的知识和智慧,此时集体决策可以弥补个人决策的不足。行政咨询就是由咨询机构为政府决策提供的智力服务活动。这种服务包括与政府决策有关的知识、信息、建议等。现代咨询是一种产业，咨询的内容涉及政治、经济、文化、科技等广泛的领域，咨询服务的对象也不限于政界，而是包罗政府、企业、社会团体和个人。咨询机构的迅速发展以及取得的巨大成功，使其成为影响行政决策的一支重要力量。行政决策的功能包括：预测；提供和分析信息情报；研制方案；评估论证方案；检验和调整方案。

1. 行政咨询机构的类型

行政咨询机构的常见类型，是根据其与政府部门有无隶属关系而分为官方咨询机构和非官方咨询机构。

（1）官方咨询机构。官方咨询机构是政府所设立的专司咨询的机构，这类机构与行政领导者距离近，关系密切，能迅速获得行政信息，其提供的咨询意见和建议易被接受和采纳。

（2）非官方咨询机构。非官方咨询机构主要是由私人或社会团体创立的民间咨询机构，非官方咨询机构虽然不属于行政系统，但它们往往与政府、利益集团等政治权力有着千丝万缕的联系，甚至直接得到其资助，是为政府决策提供服务的重要力量。非官方咨询机构视野广阔，具有独立性和灵活性，这是官方咨询机构所不具备的。但是，在信息获取、与高层决策者联络沟通、建议方案被采纳等方面不如官方咨询机构。

2. 行政咨询的作用

行政咨询的作用发挥有赖于行政决策者和咨询者两个方面的努力。

（1）行政决策者。行政决策者是咨询服务的对象，决策者对于咨询的认识以及重视程度，是咨询作用能否发挥的决定性因素。为此，决策者首先应该提高对现代咨询价值的认识，重视行政咨询。要把听取专家意见和建议、专家学者对行政决策方案的论证和评估纳入行政决策的过程，成为行政决策活动的必要环节。要保持行政咨询系统的相对独立性，尊重咨询人员的独立研究精神，还要为行政咨询机构和人员提供必要的工作条件，给予信息、经费等方面的支持，建立决策者与咨询者的联系制度。

（2）行政决策者。行政咨询者为行政决策提供智力服务，其自身素质状况是影响咨询作用的首要因素。行政咨询队伍必须高度重视自身素质的提高。要充分认识到行政咨询不同于一般的咨询，为政府决策提供咨询服务的要求更高。行政咨询的服务对象是行政咨询要坚持为国家利益和社会广大人民群众利益服务的宗旨，敢于直言。政府决策过程是实践党和国家路线、方针、政策和法律的过程，通过行政决策确定政府的重大政策和重大行动，行政咨询者除了要有广而精的知识和高超的分析研判能力外，必须有坚定的政治方向，熟悉党和国家的政策法规，正确认识国情。

二、行政决策过程的逻辑程序

（一）界定问题，确定目标

问题是决策的前提，行政管理者的主要责任就是不断地发现问题、界定问题。当理清问题和原因之后，即可根据客观需要和约束条件确定决策目标。目标一旦确定，就为决策指明了方向。

1. 问题的界定方法

（1）类别分析法。类别分析法是为了澄清、界定和区分问题情景而对问题进行分类的一种方法。其具体操作要经过逻辑区分和逻辑归类这两个过程。前者是将问题划分为子类的过程，后者是将子类归为整体的过程。

（2）类比分析法。类比分析法是建立若干类比的标准和模型，对已经出现的问题的成因、特征与类别等因素进行比较，以发现此问题与其他问题的相似性、相关性、差异性，并以类比的结果为基础，对问题的性质和类型进行确认。

（3）假设分析法。假设分析法是通过对决策问题相关因素尤其是相互冲突的因素的设定，然后进行创造性的综合，以期对问题有一个比较全面的认识。其具体操作包括：设定问题的利害关系人，提出相应的依据，对每一假设都进行比较评估，最后在综合的基础上提出一个可接受的假设和方案。

（4）层次分析法。层次分析法主要用于帮助认定问题的三种原因。可能的原因是可能促使问题出现的原因；合理的原因是以科学研究或直接经验为基础而获得并可以信赖的原因；可诉原因是可以诉诸行动加以解决的原因。三种原因是递进包含的关系，而非并列关系。可能原因包含合理原因，合理原因又包含可诉原因。政府决策一般针对可诉原因。

2. 目标的确立方法

（1）目标排序法。目标排序法在把决策的全部目标按其重要性、大小排列成序的基础上，先根据最重要的目标从全部备选方案中选出一部分方案，然后按第二位的目标从所选出的这部分方案中再做选择，如此按目标的重要性位次一步一步地选择，直到选择一个最合适的目标方案。

（2）主要目标列举法。主要目标列举法是根据各目标的重要性，分清主次，仅仅把一个决策目标（最重要或最主要的目标）作为优化目标，而将其他目标降为约束条件。

（3）综合指标法。综合指标法是指把有明显客观联系的不同目标换算为一个具有科学含义的综合指标，然后按综合指标的高低来评价各目标的优劣。

（4）综合评分法。综合评分法，又称为多属性效用理论。先分别按每个目标给各备选方案评定一定的优劣分数,分数高低反映了决策目标对决策者的效用(有效度或满意度),然后按一定的算法规则给各方案一个综合分数,最后按综合分数的高低来选择目标或方案。

(5)逐步淘汰法。在选择目标方案时,先制定一个标准,以作为淘汰的依据,依据标准对目标方案进行衡量,不合乎标准者均应淘汰。经过一轮淘汰之后,可放宽标准,再做淘汰,这样逐步放宽标准淘汰方案,直到选出最后的方案。

在确定决策目标时应注意的内容包括:①要以国家的宪法、法律、方针和政策为指导,体现最大多数人的利益和要求;②要根据客观需要和现实可能,全面综合地进行考虑;③确立目标要科学,即目标既要先进合理,高于现有水平,但又必须是经过努力可以达到的;④确立目标要保持适当弹性,即要留有余地,不能定得太死。因为客观环境处于不断变化之中,有些偶然事件无法预测。如果订得过死,毫无余地,一旦情况变化就会陷于被动。在决策目标初步确定后,应组织专家进行论证、检验。在此基础上,研究如何实现决策目标的方案。

(二)规划方案

确定政策目标之后,就要设计具体决策方案,以实现这些目标。

1. 备选方案的符合标准

(1)有新意,针对问题的性质、特点和新的变化,使用科学研究的新成果、新理论和新方法,提出解决问题的新思路和新方案。

(2)方案之间应相互独立,并可以解决问题。

(3)方案切实可行。政策方案应具有充分的政治可行性、经济可行性、技术可行性和行政可操作性。

(4)方案应具有应变力。政策方案具有一定的弹性,保证一旦问题本身或环境条件发生变化,照样可以付诸实施。

2. 备选方案的制订方法

(1)备选方案的设计要求如下:

①设计两个以上的备选方案,以供决策者选择。设计多个优质决策方案是科学决策的前提和关键。

②发挥各领域专家的咨询作用。充分借助外脑进行方案的设计,发挥智囊的咨询作用,是保证决策质量的必要条件。任何重大的行政决策方案的设计,应该分别交由相关领域专家或智库独立完成,不受外界干扰,使各种潜在的可能性充分显现出来,以便决策者进行选择。

③采用科学的方法。

（2）方案设计的常用方法如下：

①头脑风暴法。头脑风暴法，又叫自由思考法，它是通过小型会议的形式，鼓励与会人员进行创造性思考，自由发言，以相互启发，引起连锁反应和思维共振，形成新的设想。

②对演法。对演法是让不同方案的制订小组间展开辩论，互相攻短，以充分揭露矛盾，或者拿出一个方案进行预演，人为设置对立而去评议、挑剔、反驳，由此，可使各种方案逐步趋于完善。

③综摄法。综摄法，又称比喻法或集思广益法，它力求收集那些表面上看来带有情感或不合理的想法，并把它们同决策中的理性因素结合起来，或者用熟悉的方法来处理陌生的问题或者用陌生的方法来处理熟悉的问题，通过"变陌生为熟悉"来取得突破性进展。

（三）筛选方案

方案筛选是决策过程中的关键一环。其主要工作是运用相关理论和方法，对各个备选方案的政治、经济、社会等多方面的效益和成本进行综合评估和对比，最终选择或者综合成一个满意方案。

1. 筛选方案的依据标准

（1）以最小的耗费实现决策目标，即耗费尽可能少的人力、物力、财力和时间，取得满意的结果。

（2）方案对环境变化和意外事件干扰的适应性要大，风险性尽可能少些。

（3）尽量减少决策执行产生的副作用。

（4）利于政府其他目标的实现。不顾大局只顾本单位的行政决策方案是不可取的，特别在全国，要上下一盘棋，本位主义是行政决策的大忌。

2. 筛选方案的方法

集权体制下筛选方案的方法。在集权体制下进行方案筛选时，决策者常用的方法：

（1）经验判断法。经验判断法是根据决策者的直接或间接经验，对各种方案的优劣利弊做出判断。

（2）归并法。归并法是在方案选择中，如发现能够实现目标和令人满意的并不是某一个方案，而是两个或多个方案相互融合的产物，这时可采用归并法，将被淘汰方案中的合理内容、措施都保留下来，使之成为一项新的最佳方案。

（3）筛选法。筛选法是把已经确定的各项标准作为筛子，对方案一一过筛，将达不到要求的方案逐一淘汰，直至找出最可行方案。

（4）数学分析法。数学分析法是通过决策方案的可控变量计算，得出这些变量与决策目标的函数关系，并以此作为选择方案的依据。

（5）实验法。实验法是通过各种方案的局部执行或模拟执行，以判别其优劣好坏，决定取舍。

（四）反馈方案

行动方案确定之后，还必须在方案的执行过程中，不断地通过信息反馈，发现方案在执行过程中的问题和偏差，并随时对方案做出修正和完善。

决策执行完毕要总结经验教训，为新的决策提供资料。在进行追踪决策时，要吸取原有决策的合理因素，尽量减少损失。追踪决策既要及时，又要慎重，要注意消除有关人员对改变原有决策的消极感情及某些旁观者的干扰。

第三节 行政执行与行政评估

一、行政执行

行政执行是政府机关及其公务人员实施法律、贯彻落实国家权力机关的决策（包括执政党的路线、方针、政策）、推行国家政务和执行行政决策，以达到预期行政目标的过程。

行政执行的主体是行政机关及行政人员。行政执行要求依据决策所规定的目标、方向、步骤来进行。行政执行是一种实施性质很强的活动，是务实性的、付诸实际行动的，它需要通过一定的具体步骤或实际行动来落实政策。行政执行包含了从决策实施到完成目标任务的全过程。执行过程包括领导、指挥、实施、沟通、协调和监控等各个功能环节。

（一）行政执行的特征

（1）目的性。行政执行具有较强的目的性，它是按照既定决策的要求而进行的一种有特定目的的活动。行政执行的各环节，包括协调、指挥、控制、沟通，都是以严格服从决策目标、实现决策目标为宗旨的。

（2）时效性。行政执行具有一定的时效性，行政执行必须在规定的时限内，迅速、果断、高效、及时地实现行政决策的目标，完成行政执行的任务。

（3）经常性。行政执行是行政管理活动的重要组成部分，是国家行政机关及其公务员的日常活动，是一项经常性的活动。

（4）连续性。行政执行具有连续性的特点，即行政执行行为必须连续直至既定行政目标实现。

（5）灵活性与创造性。行政执行的最重要的要求就是从精神实质上忠实地执行政策，保证政策的统一性、严肃性和权威性。同时行政执行又没有固定模式，必须审时度势，因地、因时制宜，具体问题具体分析，创造性地实施决策。行政执行既要求忠实于政策，使政策贯彻执行不走样，又要求从实际出发，创造性地贯彻执行。

（6）原则性。行政执行具有很强的原则性。行政执行的第一位要求就是在精神实质上忠实地执行政策，保证政策的统一性、严肃性和权威性，严格按照政策本身所规定的对象、范围去实现政策目标。

（7）强制性。行政执行是一种具有强制性的活动。行政执行活动是依靠行政权力，贯彻、落实国家方针政策和法令、法规的活动。上级的行政命令或决策下达后，下级必须无条件地贯彻执行。

（8）综合性：①在执行系统内部，需要把人、财、时间、信息、管理技术等因素协调、平衡；②执行过程中需要各个执行机关和社会各部门积极配合；③行政执行需要使用各种管理手段，如行政手段、法律手段、经济手段及思想政治教育手段等。

（9）具体性。行政执行是一个具体的活动和过程，其所面对的工作对象是具体的组织、团体和个人，行政执行所运用的手段是具体的，行政执行所实施的步骤和环节也是具体的。行政执行的过程是法律和政策原则的具体化。

（二）行政执行的原则

（1）公正原则。行政实施活动必须遵从公正原则。公正原则要求行政机关在行政实施活动中应站在公正的立场上执行国家的法律、法规以及政策，在办事程序上应做到工作制度和程序公开，执法依据与结果公开。

（2）效能原则。行政执行的任务在于以最快的速度，在最短的时间内圆满地实现决策目标。效能原则要求行政实施活动用尽可能少的人力、物力和财力的投入，在尽可能短的时间内完成既定的工作任务。因此，在行政实施活动中，行政机关一方面应尽量减少人员、财政费用的支出，另一方面又要科学、合理地组织行政实施活动，最终使行政实施活动达到效率最高。

（3）依法行政原则。依法实施是实现行政决策目标的过程，是行政管理工作的重要组成部分。按照依法行政的要求，行政机关及其公务人员在行政实施过程中应按照法律、法规的规定，在法定权限范围内，依法定程序来进行行政管理活动。依照法律、法规的规定开展行政实施活动是行政管理工作规范化、法治化的要求，是提高行政效率的保证，同时也是公民和社会组织的合法权益不受行政权非法侵犯的保障。

（三）行政执行的作用

行政执行作为行政机关及其工作人员经常性、现实性的管理活动，在行政管理过程中占有十分重要的地位。行政执行所产生的效果对整个行政管理过程乃至整个社会的影响都是最直接和最现实的。行政执行的作用具体体现为：

（1）行政执行决定着决策方案能否实现及实现的程度。行政决策是针对现实生活中存在的重大问题做出的，只有将决策及时正确地付诸实施，行政决策才具有实际意义，政府的工作目标任务才能真正完成。离开行政执行，无论是国家法律政策还是行政决策，都不可能产生真正现实的社会效应。

（2）行政执行效果是检验、修正和完善行政决策的途径。在行政执行的实践活动中，可以发现行政决策中的漏洞，及时给予补充、修正和完善，以克服决策的某些局限，提高行政领导的正确性。在行政管理过程中，行政决策正确与否最终必须由行政执行来检验。

（3）行政执行的效果是评价行政管理工作好坏的最主要的依据。行政管理工作做得好不好，固然可以从不同方面进行评价，但是，无论从哪一个方面来说，行政实施的效果都应该是评价行政管理工作的最主要的依据。

（四）行政执行的过程

1. 准备阶段

（1）编制实施计划。由承担执行任务的主体根据所具备的条件，为达成行政决策的目标而制订的具体行动方案，叫行政执行的实施计划。编制实施计划的主要工作内容包括：对决策整体目标进行分解；计算并筹划人力、物力、财力；确定实施步骤、方法及有关的制度、规定等。制订实施计划要做到：

1）切合实际，积极可靠。对人、财、物的计算要具体精确，各项安排要具有较强的可操作性。

2）要有灵活性，留有一定的变化调整余地。

3）要顾及全面，统筹安排，能够前后衔接、左右平衡，切忌顾此失彼。

（2）做好"三落实"。行政执行的准备阶段，除了要认真编制好实施计划之外，还必须从组织上、思想上和物资上做好充分的准备。"三落实"就是指对行政决策的实施要做到组织落实、思想落实、物资落实。

1）组织落实，就是要把决策的执行明确落实到具体的机构和人员身上，并为此建立必要的管理制度。

2）思想落实，就是要求行政执行的相关人员，包括领导、一般工作人员和人民群众，对执行任务的目的、意义、内容、做法等，都有充分的了解，形成必要的共识。

3）物资落实，就是要求及时安排好行政执行所必需的材料、设备、经费等物件和资金。

2. 实施阶段

实施阶段是行政执行的重要阶段，是行政执行过程中持续时间最长、内容最丰富、活动最复杂的阶段。实施阶段是由行政管理工作的若干功能性环节所组成的，这些环节主要包括行政指挥、行政协调、行政沟通、行政控制等。在这一阶段，诸环节效率的高低、成效的大小将对整个执行过程有着极为重要的影响，可以说，行政执行能否达到预期目的，取决于行政执行实施阶段各环节的绩效状况。

（1）行政指挥。行政指挥是行政执行过程的主要环节之一，是行政领导者在行政执行过程中，按照既定的决策目标和实施计划，命令、指导、调度和协调下属实施行政管理活动的过程。

行政指挥在行政执行过程中具有的作用包括：第一，保护作用。行政指挥是保证行政执行活动协调一致的重要手段，是保证各种行政资源得以充分利用的必要条件，是高质量地达成行政决策目标的根本保证。第二，推进作用。行政指挥对高效地贯彻执行行政决策具有重要的推进作用。第三，效标作用。行政指挥是衡量行政领导者的政策水平和组织与领导能力的重要标准。

1）行政指挥的原则。行政指挥具有的原则包括：

第一，统一指挥原则。一方面，行政指挥主体只能对其直属下级发布命令和指示，一个下级只能服从一个上级的指挥；另一方面，指挥主体所发出的指挥命令应保持稳定统一、协调一致。

第二，法定权威原则。行政指挥是一种具有强制性的管理形式，行政领导者必须拥有一定的强制权力，才能够命令下级。因此，行政机关在授予行政指挥者一定的行政职位的同时，应明确赋予其相应的法定权力，包括指挥权、命令权、审批权、奖惩权等，并规定统一的纪律和制度。

第三，果断有力原则。行政指挥者必须意志坚定、信心十足、雷厉风行、百折不挠、处变不惊。推动各项工作要坚定有力、迅速及时。

第四，准确权变原则。行政执行要全面落实行政决策，这就要求按照决策目标和决策标准执行工作。

第五,合理授权原则。授权就是上级授予下级一定的权力和责任,使其在一定范围内有处理问题的自主权。

2)行政指挥的方式。行政指挥方式是指挥者向下属发出命令、指示的方法。行政指挥方式包括:①口头指挥;②书面指挥;③会议指挥;④现代通信指挥。现代通信指挥是一种运用现代信息网络系统传达上级意图、下达工作任务的指挥方式,是一种高效率的现代化指挥方式。

(2)行政沟通。行政沟通,是指在行政管理活动中,行政组织与外界环境之间,行政组织内部各个部门和各个层级之间,以及各种人员之间所进行的信息的交流与传递。

对于行政管理而言,行政沟通可以看作行政组织的血液,正是行政沟通赋予了行政机构生命力。因此,行政沟通在行政管理过程中具有特别重要的作用,主要表现为:第一,行政沟通是行政执行各环节顺利进行的重要基础,是提高行政管理有效性的保证。第二,行政沟通是实现行政决策科学化、民主化的重要基础,是提高政府工作透明度、推动社会主义民主建设的有效途径。第三,行政沟通是所有行政人员参与管理、改造人际关系、鼓舞士气、增强组织凝聚力的重要手段。第四,行政沟通是行政检查和监督的重要依据。

1)行政沟通的分类。

第一,依据沟通的确定性划分,有正式沟通和非正式沟通两种。正式沟通是通过正式的组织程序和组织所规定的正式渠道进行的沟通,是沟通的一种主要形式,其特点是正式、严肃、约束力强,有一定的连续性和稳定性;非正式沟通是通过正式规章制度和正式组织以外的各种渠道进行的沟通,如组织成员私下交换意见、传播消息等都属此类。

第二,依据沟通的线路划分,有单向沟通和双向沟通两种。单向沟通是一种一方只发出信息,另一方只接收而不反馈信息的沟通,故亦称无反馈沟通;双向沟通是一种有反馈的信息沟通,它可以多次进行,直到双方满意为止。

第三,依据信息流向划分,有下行沟通、上行沟通和平行沟通三种。下行沟通是一种自上而下的沟通,即上级向下级传递信息;上行沟通是一种自下而上的沟通,即下级向上级反馈信息、反映意见和情况,其目的是下级向上级汇报工作、请示问题、反映情况、提出建议,做到"下情上传";平行沟通是一种同级部门或同事之间的信息沟通,亦称横向沟通。

第四,依据沟通工具划分,有口头沟通、书面沟通和网上沟通三种。

2)行政沟通的改善。行政沟通要取得良好的效果,就要明确影响沟通效果的障碍,分析其各自的成因、程度,以便对症下药,找出消除障碍的办法。改善行政沟通的途径:

①全面提高行政人员的素质；②明确沟通目的，建立沟通的规章制度，使行政沟通规范化；③建立信息反馈系统，进行信息的核查和监督。

（3）行政协调。行政协调是指调整行政系统与行政环境之间的关系，以及行政系统内各机构之间、人员之间、行政运行各环节之间的关系，使之分工合作、相互配合，以提高行政效能、有效实现行政目标的管理活动。

行政协调贯穿于行政运行的全过程，是行政管理的一项重要职能。它与组织、计划、指挥、控制等共同构成完整的行政运行职能体系，是行政执行不可缺少的环节。行政协调的根本目的在于提高和实现行政系统的整体效能，即通过行政协调来减少行政系统内部各种因素间的功能损耗，使行政系统内部协调有序地运转，建立和谐的、相互依存的、相互配合的关系，优化行政系统的整体功能。

（4）行政控制。行政控制指行政领导者运用一定的控制手段，按照目标规范对行政决策的执行情况进行监督、检查，及时发现和纠正执行中的偏差，以确保实现行政目标的活动。

行政控制贯穿于行政执行全过程，其作用体现为：第一，行政控制是完成决策的重要手段；第二，行政控制是行政工作方向正确的重要保障；第三，行政控制是贯彻依法行政的重要体现；第四，行政控制是保证行政目标实现的重要机制。

1）行政控制的类型。

第一，根据控制的方式的不同，行政控制可分为正式控制和非正式控制。

正式控制，又叫强制性控制，指行政组织依据有关法律、法规、制度等，通过有计划、有组织的方式所进行的控制。正式控制具有直接性、权威性以及强制性的特点。

非正式控制，又叫非强制性控制，指行政组织根据自己的理解，无须按照正规的或法定的控制渠道所进行的控制。在现代法治社会，正式控制越来越多，非正式控制相对减少。但非正式控制仍是不可忽视的一种控制手段，如果运用恰当，可弥补正式控制的不足。

第二，根据控制是否需要借助外在力量，行政控制可分为内在控制和外在控制。

内在控制，又叫自我控制，指行政组织及其成员自觉地用行政管理规范指导、约束、检查自己的行为。

外在控制，是指行政组织运用各种力量，如法律、规章制度、组织纪律等，从外部规范、约束组织成员的行为。

第三，根据控制实施时间的不同，行政控制可分为预先控制、过程控制和成果控制。

预先控制指在计划实施的准备阶段所进行的控制，预先控制的目的是做好准备工作，避免不该发生的事情发生，做到未雨绸缪，防患于未然。

过程控制指在计划实施过程中，对计划执行情况进行检查，发现问题并及时纠正、解决问题。

成果控制指根据预期的目标对行政实施的结果进行检查，衡量最终结果是否有偏差，并对出现的问题进行可能的补救。与预先控制和过程控制不同，成果控制不是为了保证现行决策的完满实现，而是为了下一个环节的工作能够顺利开展。

2）行政控制的过程。行政控制过程大体上可分为以下三个相互衔接的步骤：

第一，确定控制标准。确定控制标准是行政控制过程的起点。控制标准就是根据整体的工作目标和计划制定的对工作成果进行计量和考评的规范和准则。

第二，衡量成效。衡量成效是指根据确定的控制标准衡量和比较实际执行情况，并对执行情况进行客观评估，获取偏差信息。

第三，纠正偏差。这是行政控制过程的最后环节，也是最为关键的环节，即在衡量工作成效的基础上，对那些已经发现的失误和偏差进行纠正和补救，以保证行政工作按照原定目标进行。

3. 总结阶段

总结阶段是现有行政执行活动的最后一环，但又是一系列新的行政执行活动的开始。一项行政执行任务基本完成后，要对整个执行情况进行全面的衡量评价，以肯定成绩，总结经验，找出不足，提出下一步工作设想，以便发扬成绩，修正错误，不断前进。

（1）工作总结的基本内容。工作总结一般都在决策目标实现之后进行。有些大的决策项目的完成需要较长时间，可划分为若干个阶段，分别做出阶段性的工作总结。一般来说，工作总结应包括以下方面内容：

1）对行政执行任务的完成情况进行全面对照检查。看是否达成了目标，是否完成了任务，以及执行进度、经费支出、人员使用、机构效能等方面是否达到了预期要求。

2）对行政执行的单位和人员进行实事求是的考核和奖惩。

3）就行政执行情况提出经验教训，使之上升为理论认识，以提高今后工作的科学性。

（2）总结工作的基本方法。

1）民主的、群众性的总结方法。充分发动参与执行的全体人员和相关的群众参加总结，这样可以广开言路、博纳见闻、集思广益。

2）自下而上和自上而下相结合的总结方法。在一般情况下，行政执行总结应自下而上地进行，即由基层执行单位先总结，上级部门再集中。但有时也需要自上而下的总结，给下级的总结做出指导。

3）领导亲自动手的总结方法。领导者亲自部署，亲自指导总结，并尽可能亲自动手写总结，这样可以更充分地发挥工作总结的功能，更有利于领导干部掌握实情，取得经验，吸取教训，更好地发扬成绩，修正错误，以利再战。

二、行政评估

（一）行政评估的原则

（1）客观性原则。行政评估要树立科学思想，运用科学方法，实事求是，客观公正。

（2）系统性原则。行政评估需要注重系统的理论与方法，考虑各方面的情况，照顾各种利益关系，注意政策运行整体功能和效果的分析评估。

（3）可比性原则。有比较才有鉴别。政策优劣，总是在比较后才能确定。行政评估的重要工作是对政策及其运行进行纵向的比较和横向的比较。

（4）导向性原则。行政评估对政策及其运行以至社会的发展都有一定的导向作用，因此，所选定的评估标准也应遵循导向性原则，以使行政评估服从和服务于一个国家的政治、经济、道德、文化和社会的发展。

（5）准确性原则。行政评估涉及事实的分析、价值的评判、正误责任的归属和利益关系的调整。因此，行政评估要力求科学准确，坚持原则性与灵活性、定量分析与定性分析相结合。

（6）实用性原则。行政评估的实践性非常强，因此，所选定的行政评估标准必须具有可操作性和实用性，不能神秘化、复杂化和太理论化，要切合实际、大众化、简便易行。

（二）行政评估的效果

行政执行的绩效就是行政执行后解决某一社会问题，满足工作对象的需求程度以及对政治系统、经济系统、社会系统及其环境产生影响的总称。行政评估的效果包括：

（1）行政执行的直接效果。直接效果是指对被执行对象直接发生作用的效果。

（2）行政执行的连带效果。连带效果是指行政执行可能对被执行对象以外的事物或人所产生的影响。

（3）行政执行的历时效果。历时效果是指行政执行影响的时间长短。

（4）行政执行的系统性影响。一项行政执行活动实施后，将通过社会的诸多联系对个人、团体造成初步与后续的影响，也会对整个社会系统产生影响。

（三）行政评估的方法与程序

由于行政执行内容的多样性，评估行政执行绩效的方法有很多。行政评估方法的选择取决于问题的性质和资料的可行性。在日常工作中，主要的方法包括：直接质询法；民意调查法；标准衡量法；历史比较法；对象比较法；案例类比法。

（四）行政评估的程序

1. 评估准备阶段

（1）确定评估对象。这是评估工作的第一步。确定行政评估对象的要求包括：①选择的评估对象必须有价值，能够通过评估达到预定的或可能的目的；②所选择的评估对象又必须是可以进行评估的，即从时机、人力、物力、财力方面均能满足评估所需要的基本条件。

（2）明确评估目的。明确评估目的，是确定为什么要进行评估的问题。评估目的决定了行政执行效果评估的基本方向。

（3）选择评估标准。评估标准有一般标准，也有具体标准，有国外的标准，也有国内的标准，这就要根据情况做出适当的选择。

（4）培训评估人员。评估人员是行政评估系统构成要素中最主要的要素，其素质、专业化程度、评估态度、敬业精神、评估立场等都直接影响评估的质量。因此，培训和选择评估人员，提高他们的业务水平及其综合素质至关重要。

（5）评估方案的撰写。一个完整的评估方案应包括：①阐述评估对象；②明确评估的目的、意义和要求；③提出评估的基本设想，根据评估目标，确定评估的内容与范围；④确定评估标准、评估类型，并选择评估的具体方法；⑤写明评估的场所、时间，规定工作进度的有关计划；⑥写明评估经费的来源及筹措与使用等；⑦其他内容。

2. 评估方案实施

（1）采集评估信息。行政评估的过程，实际上是一个信息收集—整理—反馈—再收集—再整理—再反馈的过程。所以，信息的采集对评估十分重要，可以说是评估中一项基础性的工作。其主要任务是利用各种社会调查手段，全面收集行政执行的第一手资料。

（2）分析评估信息。这个阶段是对采集到的评估信息进行统计分析处理的阶段。由于采集所获得的信息都是原始数据，比较分散、杂乱，所以需要对其进行系统的整理、分类、统计、综合和分析。

（3）形成初步结论。在综合分析评估信息之后，紧接着就是要运用直接比较法、综合比较法、成本效益分析法、前后对比分析法或统计抽样分析法等具体的方法，给出一个初步的评估结论。

3. 评估的总结

（1）撰写评估报告。撰写评估报告是出成果的阶段，说特别重要。要注意的内容包括：①对初步结论要再做一次简明扼要、提纲挈领的分析总结，然后给出一个正式的结论；②评估报告中，除了要写好价值判断部分外，还必须写好政策建议部分及整个评估工作的说明。

（2）总结评估工作。在撰写好评估报告之后，接下来就是对评估工作进行系统的总结。总结是对本次评估活动进行一番全面的回顾，评估工作中的优缺点，总结经验，吸取教训，为以后的行政评估活动打下基础。这一阶段通常的做法是写工作报告。至此，行政评估工作全部结束。

第二部分

实务篇

第五章 行政法学原理与原则

第一节 行政法学的基本原理

行政法学的基本原理之一：依法行政原理。其核心是行政活动必须合法而行，才能获得它的合法性。依法行政原理的要求，是对我国依法行政实践经验的总结，集中体现了依法行政原理的重心在于限制行政权这一内在精髓，明确树立了依法行政所追求的公正与效率的双重价值目标，有力地支撑起建设法治政府的基本框架，因而对指导和规范行政机关和公务员依法行政具有重要作用。

一、依法行政原理的要求

（1）合法、合理行政。

1）合法行政。行政机关实施行政管理，应当依照法律、法规、规章的规定进行。

2）合理行政。行政机关实施行政管理，应当遵循公平、公正的原则。要平等对待行政管理相对人，不偏私、不歧视。行使自由裁量权应当符合法律目的，排除不相关因素的干扰；所采取的措施和手段应当必要、适当；行政机关实施行政管理可以采用多种方式实现行政合理的，应当避免采用损害当事人权益的方式。

（2）高效便民。行政机关实施行政管理，应当遵守法定时限，积极履行法定职责，提高办事效率，提供优质服务，方便公民、法人和其他组织。

（3）诚实守信。行政机关公布的信息应当全面、准确、真实。非因法定事由并经法定程序，行政机关不得撤销、变更已经生效的行政行为；因国家利益、公共利益或者其他法定事由需要撤销或者变更行政行为的，应当依照法定权限和程序进行，并对行政相对人因此受到的财产损失依法予以补偿。

（4）程序正当。行政机关实施行政管理，除涉及国家秘密和依法受到保护的商业秘密、个人隐私的，应当公开，注意听取公民、法人和其他组织的意见；要严格遵循法定程序，依法保障行政管理相对人、利害关系人的知情权、参与权和救济权。行政机关工作人员履行职责，与行政管理相对人存在利害关系时，应当回避。

（5）权责统一。行政机关依法履行经济、社会和文化事务的管理职责，要由法律、法规赋予其相应的执法手段。行政机关违法或者不当行使职权，应当依法承担法律责任，实现权力和责任的统一。依法做到执法有保障、有权必有责、用权受监督、违法受追究、侵权须赔偿。

二、依法行政原理的转换

现代社会的发展要求行政主体，积极地实行给付行政以满足社会的公共需求，公共行政已经发展为以积极给付行政为主的现代服务行政。随着公共行政领域的不断扩大，行政职能也随之增加，行政手段呈现复杂化、多样化、技术化。在现实行政过程中，行政合同、行政指导等非权力性行为形式被广泛运用。行政活动的形式或手段越来越多样化。这些现实行政的发展也促使依法行政原理的发展。现代行政的发展要求行政法学的理念实现从形式法治主义到实质法治主义的转变。

现代行政法对依法行政中的"法"也做出了严格要求。与"形式性依法行政原理"中的"法"是指制定法不同，"实质性依法行政原理"中的"法"是指"自然法"，是超越于制定法之上的符合客观正义的法。这种实质性依法行政原理要求规范行政的法律的内容必须具有正当性，即法律的内容必须尊重公民的基本人权以及适当地衡量公共利益与私人利益。

"实质性依法行政原理"的要求是法律内容的正当性，这是对于立法机关的要求，但是，对于是否承认行政机关的法律审查权、行政机关是否可以拒绝适用自己认为不具有正当性的法律却存在争议。从"实质性依法行政原理"的含义来看，在法律的内容侵害基本人权或违反宪法规范时，行政机关应当拒绝适用，但在行政法学理论中一般并不承认行政机关的法律审查权。

当行政主体在行政过程中发现地方性法规与部门规章之间、部门规章与地方政府规章之间、授权性法规与法律之间存在冲突时，可以提请有权机关裁决后做出行政行为。但对于行政主体在行政过程中发现作为依据的法律不合理时应当如何处理并没有做出规定。

此外，针对依法行政提出了六项基本要求，其中不仅要求"合法行政"，而且要求"合理行政"。可以认为"合理行政"中的"理"是指独立于制定法的自然法，即要求行政活动必须符合公平、正义等理性，由此可以将该纲要中的"依法行政"视为实质性的依法行政原理。

三、依法行政原理的内容

（一）法律优位原则

法律优位是指以法律的形式表示的国家意思处于其他的国家作用的上位。该原则意味着行政行为不得违反法律的规定。该原则通过在近代宪法中采用权力分立主义而成立，是依据法律拘束行政的最低限度。

立法活动是作为人民代表者的议会（人大）的意思表示，而行政活动并非人民代表者的意思。因此，当行政活动与法律相冲突时，法律优先于行政活动，违反法律规定的行政活动无效。在这种意义上，法律优位又被称为"法律优先"。

法律的效力高于行政法规、地方性法规、规章。体现了法律优位原则。此外，两种例外性的规定：

（1）自治条例和单行条例依法对法律、行政法规、地方性法规做变通规定的，在本自治地方适用自治条例和单行条例的规定。

（2）经济特区法规根据授权对法律、行政法规、地方性法规做变通规定的，在本经济特区适用经济特区法规的规定。自治州、自治县的自治条例和单行条例，必须得到立法机关的批准后民族自治立法才能生效。经济特区法规必须根据"授权"才能做出变通规定。"批准""授权"使得民族自治立法与经济特区法规在事实上具有法律的性质。因此，即使做出变通规定，也不违反法律优位原则。

（二）法律保留原则

法律保留是指对于特定的事项否定行政权的自由性，而将法律的规定作为行政权发动的要件。法律保留原则要求行政的活动必须依据法律，具备了法律上的根据才可以进行行政活动，可见，法律保留是在法律优位原则基础上的原则。

广义的法律保留不仅指狭义法律的保留事项，而且包括行政法规、地方性法规、部门规章、地方政府规章的保留事项；狭义的法律保留，制定和修改刑事、民事、国家机构的和其他的基本法律属于全国人民代表大会的职权，即刑事、民事、国家机构的和其他的基本制度属于全国人大制定基本法的法律保留事项。这是比一般法律保留更为严格的基本法的法律保留。

在法律保留的事项中又可分为绝对保留事项与相对保留事项，绝对保留事项是指必须由狭义的法律规范的事项，而不得授权其他国家机关立法规范，包括"有关犯罪和刑罚、对公民政治权利的剥夺和限制人身自由的强制措施和处罚、司法治度等事项"；相对保留事项是指在法律保留事项中可以授权国务院制定行政法规进行规范的事项。

（三）法律的法规创造力原则

法律的法规创造力，又称为"法规创造力"，是有关行政法律规范本身的原理，即创造"法规"是法律固有的权力。"法规"必须以法律为根据。从我国的立法体系来看，具有"法规创造力"的"法律"具体包括宪法、法律、行政法规、地方性法规以及规章。

第二节 行政法律关系及其构成

一、行政关系

（一）行政关系的类型

行政关系的含义：行政关系是一种社会关系，在本质上属于人与人之间的关系；行政关系的主体在各种类型的行政关系中并不相同，但至少有一方是行政主体；行政关系是在行政主体在行使行政职权进行行政管理或者在接受行政法治监督过程中发生的。因此，行政关系与行政管理或行政法治监督具有直接的关联。

根据行政关系的主体和属性的不同，可以将行政关系分为三种类型：

（1）内部行政关系。内部行政关系是指行政主体与隶属于其的机构或者公务员之间发生的各种关系。

（2）行政管理关系。行政法治监督关系是指行政主体在行使行政职权进行行政管理的过程中与行政相对人发生的各种关系。

（3）行政法治监督关系。行政法治监督关系是指行政主体在接受行政法治监督过程中与行政法治监督主体之间发生的各种关系，其中包括行政救济关系。行政救济关系是指行政主体在行政救济阶段与行政复议机关或司法机关之间发生的各种关系。行政复议或行政诉讼是相对人权利救济的途径，同时也是对行政主体行为的合法性进行监督的方式，从这种意义上来说，行政主体在行政救济过程中与行政复议机关或司法机关之间发生的关系也属于行政法治监督关系。

（二）行政关系与行政法的关联

行政关系是行政法的调整对象，从这种意义上来说，行政法就是调整行政关系的法律。而行政关系是一种客观存在的事实关系，经过行政法的调整，行政关系具备了行政法上的权利义务内容，从而由事实关系转化为法律关系即行政法律关系。可见，行政关系经过行政法的调整形成了行政法律关系。行政法只调整其中具有法律意义的部分。而在某些行政事实活动的领域，不需要法律介入调整，因此，并不能由事实关系上升为法律关系。从这种意义上来看，行政法律关系的范围比行政关系小。

二、行政法律关系的特点

行政法律关系是指现实行政过程中的各种行政关系经行政法调整而形成的权利义务关系。"行政法律关系诞生时有强烈的民族诉求和严谨的科学追求。"[①] 现代行政法学提倡构建行政过程中相对人与行政主体相对等的法律地位，在鼓励相对人积极参加行政过程的基础上，构建"公私合作"的公共行政模式以及"对话型行政法"的体系。

（一）主体特点

（1）行政法律关系的主体至少有一方是行政主体。这是因为在行政法律关系中存在着"公权力行使"的因素，只有一方当事人（行政主体）对另一方当事人（行政相对人）行使公权力产生的法律关系才是行政法律关系。如果不具有这种公权力行使的因素，而是基于自由、平等的协商而产生的法律关系就属于民事法律关系。可见，行政主体的存在，是发生行政法律关系的前提条件。

（2）行政法律关系主体之间的法律地位具有不对等性。代表"公权力"的行政主体相对于行政相对人具有优越性，在行政法律关系中始终处于主导地位，即双方的法律地位具有不对等性。这种不对等性体现在以下方面：

1）行政法律关系的产生、变更或消灭一般仅仅根据行政主体的单方意思表示，而不以双方主体的意思表示一致为必要条件。

2）行政主体行使公权力以国家强制力作为保障，为保证行政法律关系的实现，当相对人拒绝履行义务时，行政主体可以自行行使强制权，强制对方履行。而且，对于行政主体的违法或不当行为，在有权机关确认该行为违法或不当之前，该行为不停止执行，行政相对人也不得抵抗。

3）行政主体在履行职务时享有行政优益权，即为保证行政职权的有效行使，国家赋

---

① 王本存. 行政法律关系的功能与体系结构 [J]. 现代法学，2020，42（06）：96.

予行政主体及其工作人员某些职务上或物质上的优惠条件，包括职务上的各种"特权"（行政优先权）与物质上的各种保障（行政受益权）。

（二）内容特点

（1）行政法律关系的内容法定。民事法律关系中的权利义务一般由当事人约定或协商确定，当事人甚至可以根据自己的意愿舍弃自己的权利，而行政法律关系当事人的权利义务一般由行政法律规范预先规定，不仅不能由当事人双方互相协商约定，而且当事人也不得随意放弃权利或转让义务，只能依据行政法律规范的规定享有权利或承担义务。

行政主体必须依据行政法律规范的规定做出行政行为，行政法律关系中权利义务对于行政主体而言是行政职权与行政职责，行政主体对于这种行政职权或行政职责并不能自由处分，即不能像民事权利那样自愿放弃，否则就是行政失职。

（2）行政法律关系中行政主体的权利与义务具有统一性。行政主体在行政法律关系中的权利与义务即行政职权与行政职责。而在行政组织法中，行政职权与行政职责是一致的，权力即意味着责任，两者并非泾渭分明，而是交叉重叠的。可见，在行政法律关系中行政主体的职权与职责、权利与义务相互渗透，具有统一性。

拘留对于公安机关而言既是权利（权力），也是义务（责任）。只要发生了特定的法律事实，行政机关有权，也必须依法做出相应的行政行为。

三、行政法律关系的构成

（一）行政法律关系的主体

行政法律关系主体即行政法律关系当事人，是指在具体的行政法律关系中享有权利、承担义务的当事人，又被称为行政法主体，主要包括行政主体、行政相对人、行政法治监督主体。

1. 行政主体

（1）行政主体与相关概念。行政主体与行政法主体、行政组织、行政机关、行为主体、公务员等概念相关，对此必须加以区分。

1）行政主体与行政法主体。行政主体是指在行政法律关系中依法以自己名义实施国家行政管理权并独立承担法律责任的组织，包括国家行政机关以及法律法规授权的组织。行政法主体即行政法律关系主体，是指受行政法调整和支配、在行政法律关系中享有权利和承担义务的组织或个人。可见，行政法主体概念的内涵与外延比行政主体宽泛，行政主体是行政法主体的一部分。

2）行政主体与行政组织。严格地来说，行政组织是行政学上的概念，包括各种行政机关以及行政机关内部的各种行政机构。其中，只有行政机关才可以在具体行政法律关系中成为行政主体，行政机构在没有得到法律、法规授权的情况下不能成为行政主体。而且，行政主体并不限于行政组织中的行政机关，而且包括法律、法规授权的组织。

3）行政主体与行政机关。行政机关的概念有广义与狭义之分，广义上的行政机关就是指行政组织，各级人民政府及其内部的各行政机构。狭义上的行政机关是指依法能够以自己的名义代表国家对外行使行政职权并独立承担其法律后果的行政组织。

行政主体与行政机关并非完全相同，其中的区别主要包括：①行政主体是个法学术语，在行政法学理论中使用，而行政机关是个法律术语，在法律规范中可以直接使用；②行政机关概念的使用范围较为广泛，在行政学、行政法学以及行政法律规范中普遍使用，而行政主体概念一般仅仅适用于行政法学的论述中；③行政主体不仅仅是指行政机关，而且还包括法律、法规授权的组织；④行政机关只有在具体的行政法律关系中才可能成为行政主体，一般状态下，行政机关仅仅表明了一种组织状态，只有当行政机关行使或不行使行政职权发生特定的行政法律关系时，行政机关才有可能成为行政主体。此外，值得注意的是行政机关有时也可以以行政相对人的身份出现在行政法律关系当中，例如，公安机关为其职工建造宿舍而申请用地时就是以行政相对人的身份出现的。

4）行政主体与行为主体。行政主体是在行政法律关系中行使行政职权而针对相对人做出特定行为的一方当事人，但在现实行政过程中，具体做出行为的往往是隶属于行政主体的内部机构或其所属的工作人员。

行为主体是指不以自己的名义也不需要自己承担行为的法律后果，但却直接、具体地实施行政行为的组织或个人。

此外，在行政委托时，由被委托者以委托者的名义实际行使委托者的行政职权，并由委托者承担法律后果。其中的内部机构与被委托者都是行为主体，而行政机关与委托者是行政主体。

5）行政主体与公务员。公务员是指依法履行公职、纳入国家行政编制、由国家财政负担工资福利的工作人员，是依法享有以行政主体名义行使行政权的自然人。而行政主体是一种组织，而非个人。在现实中，公务员是行政机关的构成人员，以行政机关的名义行使行政机关的职权，并由行政机关承担法律后果。可见，在行政法律关系中，公务员有能成为行政主体的组成人员，但公务员并不能成为行政主体本身。

（2）行政主体的类型。根据不同的标准，可以对行政主体进行不同的分类。

1）根据行政主体的行政职权范围划分。根据行政主体的行政职权范围划分为：

第一，内部性行政主体。内部性行政主体是指具有组织内部的管理权限，对本组织内部进行监督、管理行为的主体，例如，行政监察机关、审计机关等。

第二，外部性行政主体。外部性行政主体是指具有对外行使行政管理权限，向相对人做出行政行为的主体，具体包括行政机关与法律、法规授权的组织。

但两者并非绝对的，同一行政机关在不同情况下有可能分别成为外部性行政主体或内部性行政主体。

2）根据行政职权的来源划分。根据行政职权的来源划分为：

第一，职权性行政主体。职权性行政主体是指依照宪法和组织法的授权，在成立之时就具有行政职权并获得行政主体资格的组织，即具有独立法律地位的国家行政机关。职权性行政主体的行政职权随组织的成立而形成，而不需要其他组织授予。

第二，授权性行政主体。授权性行政主体是指依据具体的法律、法规、规章授权而行使特定行政职权的组织。与职权性行政主体在成立时的一般性授权不同，授权性行政主体是在特定的行政法律规范中被特别地授予特定行政职权，其范围仅限于授权规范的明文规定，通常比较具体且有限。

（3）行政主体的优越性。行政主体在法律地位上优先于代表个人利益的相对人。当行政主体所代表的公共利益与相对人的利益相冲突时，一般承认行政主体所代表的公益优先。

行政主体是在行政法律关系中行使行政职权而针对相对人做出特定行为的一方当事人。由于传统行政法学以行政行为概念为核心，而行政主体是行政行为的主体要素。而且，传统行政法学采用"行政主体与相对人二元论"，保障行政主体的权力性与优越性，由此使行政主体成为行政法学中的核心概念之一。因此，探讨行政主体的概念、职权、权限等也就成为行政法学的重要内容之一。

行政主体的优越性是指在行政法律关系中，行政主体的意思相对于相对人的优越地位，具体包括行政主体的命令权、强制权以及相对人的服从义务等。行政法律关系是不对等者之间的关系，行政主体对于相对人来说是具有在法律上优越地位的主体。而相对于行政上体的优越性，相对人处于防御公权力侵犯的被动地位。

2. 行政相对人

行政相对人是指在行政法律关系中被国家行政机关或法律法规授权组织依法实施行政管理的被管理方及相关的利害关系方，包括自然人、法人和其他组织。行政法律关系中管理一方的当事人是行政主体，而被管理一方的当事人便是行政相对人。

行政相对人是指行政法律关系中与行政主体相对应的另一方当事人，即处于被管理地位上的组织和个人，包括我国公民、法人或其他组织以及我国境内的外国人、无国籍人、外国组织。作为行政法律关系的主体，行政相对人在行政法律关系中享有一定的权利，并承担一定的义务。

（1）行政相对人的权利义务。下面探讨两种理论的主要内容，然后论述行政法律关系中相对人的权利义务。

1）公权利理论。公权利有时又被称为"公权"（并非指公共权力），是指行政相对人在公法或行政法上的权利，该概念以传统行政法学中的公私法二元论为基础，主要是指通过行政裁判保护的相对人在行政实体法上的权利。在这种意义上，公权利在对抗行政权而确立相对人权利上具有重要的历史意义。

从公共利益的观点来看，公权利具有与私法上的权利所不同的特殊性。从与公共利益的关联性出发，被禁止或限制转让、继承、抵押、放弃等，并强调权利的相对性。鉴于现代行政中公私法领域的融合趋势，公私法的区分也逐渐相对化。因此，在现代行政法学中，公权利理论并非绝对的，但并不能以此否认行政法律关系中相对人权利的特殊性。

2）反射利益理论。在行政法专门为了公共利益而规定国家或相对人的行为时，在结果上使得相对人作为反射效果而在事实上所得到的利益被称为"反射利益"。反射利益是指法律的规定以专门保护公共利益为目的，法律的适用使个人受益，即属于公共利益反射的利益，而被排除于行政诉讼所保障的权利之外。

反射利益论在理论上的基础主要有：①行政法的公益目的性原则，即行政法一般以保护或实现公益为目的，只有在存在特别法律规定时才以保护个人利益为目的；②公共利益与个人利益的区别论，即公共利益是超越特定个人利益的总体利益，与个人利益具有不同的性质甚至相互对立；③公益保护的行政专属性，即公益的具体保护或实现是专属于行政权本身的任务。在这种观念下，反射利益论认为个人的反射利益应当被一般性的公共利益所消解，但这种理论在仅仅适用于现代性的生存权等人权尚未确立的时代，在现代法治主义确认人权保障原则的情况下，个人利益也作为法律利益而得到承认。可见，反射利益论体现了公益的过渡性扩张，从而制约了对于相对人权利利益的法律救济。

（2）行政相对人的法律地位。行政相对人与行政主体在称呼上的平等。行政相对人的法律地位是行政相对人在行政过程中的权利和义务的综合体现。行政相对人作为行政法律关系的一方当事人，必须服从作为另一方当事人的行政主体的管理，但行政相对人也并非完全处于被支配的地位，在行政法律关系中也发挥着积极能动的作用。

现代行政法学认为相对人具有与行政主体相平等的主体地位，强调相对人的参与，注重充分发挥相对人在行政过程中的积极作用，使行政主体与相对人在合意基础上共同实现行政目的。在行政过程的各个阶段，相对人与行政主体的权利义务分配并不完全相同，但从整体上看，在整个行政过程中相对人与行政主体的权利义务对等，相对人本身的权利与义务在整个行政过程中也对等。行政过程并非仅仅是行政主体单方面进行行政活动的过程，除行政主体外，行政相对人或利害关系人等也都正式或非正式地介入到行政过程中。

在现代公共行政中，强调公共行政的服务精神，这使行政主体与相对人的对立关系相对化，注重和相对人的对话与合作，倾向于运用以相对人的同意为基础的行为形式，如行政契约、行政指导等。在这些行政活动过程中，不仅行政主体单方面做出行政行为，而且相对人也参与到行政活动中，其做出的行为也具有重要的法律意义。因此，现代行政法必须将"行政主体"与"相对人"的二元对立关系相对化，尽可能地促进公民积极参与到行政活动的整个过程，包括事前对行政立法、决策过程的有效参与，事中对行政行为、执法过程的有效参与，事后对行政监督、救济过程的有效参与等。相对人参与整个行政过程有利于控制行政权的滥用和逾越，保障相对人的合法权益，这也是"权利制约权力"原则实现的途径。

现代行政法学不仅应当考察与规范行政主体在行政活动过程中所进行的各种行为形式，而且，也应当将相对人在行政活动过程中做出的行为纳入行政法学的视野，加以全面、动态的考察与规范。从这个意义上来说，现代行政法学中的相对人与行政主体处于平等的法律地位，相对人的行为在行政过程中发挥着重要的作用。

（3）行政相对人在行政法律关系中的权利义务。行政相对人的法律地位具体体现为在行政法律关系中相对人所享有的权利与负担的义务。根据权利义务对等原则，行政相对人享有的权利与负担的义务应当对等。

1）行政相对人的权利。行政相对人的权利是指行政法律规范所规定或确认的，在行政法律关系中由行政相对人享有，并与行政主体的义务相对应的各种权利。主要包括申请权、参与权、了解权、批评建议权、申诉控告权、检举权、陈述权、申辩权、申请复议权、提起行政诉讼权、请求行政赔偿权、抵制违法行政行为权等。

2）行政相对人的义务。行政相对人的义务是指行政法律规范所规定的对行政相对人必须做出一定行为或不得做出一定行为的约束义务。根据行政法律规范而产生，并由国家强制力保障其履行，相对人违反法律义务时应当承担法律责任。与相对人的权利相对应，相对人的义务主要包括服从行政管理的义务、协助公务的义务、维护公益的义务、接受行政监督的义务、提供真实信息的义务、遵守法定程序的义务等。

当然，在行政活动过程中所产生的法律关系主体双方的权利义务不是固定不变的，而是呈现出主体双方实体与程序、权利与义务相互变动的复杂过程，涉及两种不同性质的权利与义务的更替。通过这种程序与实体、权利与义务分配上相互转化，以最终求得双方当事人权利义务的完全对等。

（4）行政相对人的参与。参与权是行政相对人的一项程序性权利，是指相对人通过各种途径参与行政过程，并以适当的方式影响行政主体的行为，以保障相对人自己合法权益的权利。公民在行政过程中具有的申诉权、控告权、检举权、行政赔偿请求权等参与权利。

在行政过程中，行政主体在做出行政行为之前，有时也要求以听证会等方式听取相对人的意见，虽然是否听取意见最终还是由行政主体决定，但行政主体也不得无视相对人的意见，可见，相对人在行政过程中起到了一定的作用。这种行政过程体现为行政主体与行政相对人的对话过程。在此基础上，有学者提出"对话型行政法的构建"，主张构建提高相对人地位的法律构造，确保、充实行政主体与相对人的对话，通过对话防止或解决行政过程中的纷争，确保在实现公共利益的同时实现相对人的个人利益。

可见，随着现代行政中公私法领域的相对化，行政主体与相对人之间的对立关系也应当进一步缓和。

3.行政法治监督主体

行政法治监督主体是指在行政法律关系中依法对行政主体及其工作人员是否遵纪守法、履行行政职责实施监督的组织和公民，包括国家权力机关、国家司法机关、上级或专门行政机关以及国家机关体系以外的组织和公民。国家行政机关并非在任何场合都是行政主体，必须根据各行政法律关系的具体情况具体分析。

（二）行政法律关系的客体

行政法律关系的客体，是指行政法律关系的内容即当事人的权利和义务所共同指向的对象，包括人身、行为和财物。

（1）人身。人身是指人的身体以及与人的身体密不可分的人格与身份，在行政管理过程中有时可以直接以行政相对人的人身为对象。

（2）行为。行为是指行政法律关系主体的作为和不作为，既包括行政主体的行为，也包括相对人的行为。

（3）财物。财物是指具有使用价值和价值的物质资料，包括有形的物质财物与无形的精神财物（如专利权、商标权和著作权等）。

（三）行政法律关系的内容

行政法律关系的内容是指行政法律关系当事人在该关系中所享有的权利和承担的义务。这种权利和义务对于行政主体而言，也可以表述为行政职权与行政职责。"行政职权是行政权的具体化，是具体的行政主体及其行政人员根据其行政任务或职位（务）而授予或分配到的行政权，它是行政权（力）的具体化，是特定的行政主体为完成一定的行政任务（职责），即组织和管理国家与社会特定的事务而享有的行政权力。"[1]行政职责是指行政主体在行使国家赋予的行政职权，实施国家行政管理活动的过程中，所必须承担的法定义务。

行政相对人在行政法律关系中的权利主要包括参与权、知情权、个人隐私保护权、行政监督权、行政救济权等权利，承担相应的义务主要包括遵守法律法规、服从行政命令、协助行政管理等义务。行政法治监督主体对行政主体及其工作人员是否遵纪守法、是否履行行政职责享有监督权，同时也承担接受被监督主体申诉意见、依法实施监督的义务。

（四）行政法律关系的发生、变更与消灭

行政法律关系是处于不断发生、变更和消灭的运动过程。行政法律关系的发生的指在行政法律关系主体之间形成权利义务关系；行政法律关系的变更是指行政法律关系要素的变更，包括主体的变更、客体的变更与内容的变更；行政法律关系的消灭是指行政法律关系权利义务的消灭，包括主体的消灭、客体的消灭与内容的消灭。

行政法律关系的发生、变更与消灭需要具备一定的条件，包括法律规范与法律事实两个方面：

1. 行政法律规范

行政法律规范是行政法律关系发生、变更与消灭的法律依据。在现代行政法中，根据法治主义的要求，由立法对一定的行政法律关系进行预设，预先规定特定行政法律关系主体的权利义务等内容，由此在法律上设定了特定行政法律关系的一般模式。当特定法律事实发生时，适用该法律规定的有关特定行政法律关系的一般模式而形成具体的行政法律关系。

行政法律规范是形成行政法律关系的前提，行政法律关系中各当事人的权利义务往往由法律明确规定。因此，行政法律规范对于行政法律关系而言具有特殊的意义，即预先确定了特定行政法律关系的内容，而且一般不允许行政法律关系的各方当事人通过协商改变该内容。

2. 行政法律事实

行政法律事实是指行政法律规范所规定的、能够引起行政法律关系产生、变更与消灭的客观行为或现象，是联系行政法律规范与行政法律关系的中介。

行政法律事实具有的特点包括：①行政法律事实是由行政法律规范所事先规定的、具

---

[1] 王学辉，宋玉波. 行政权研究 [M]. 北京：中国检察出版社，2002：116.

有特定法律意义的特定事实；②行政法律事实是一种客观的行为或现象，具有客观性，纯粹主观的心理活动或现象并不能成为法律事实。根据行政法律事实的性质的不同，可以将其分为两种类型：

（1）行政法律行为。行政法律行为是指行政主体或相对人做出的具有行政法上的属性与意义，能够引起行政法律关系形成、变更或消灭的意志性行为。该定义包含的四个要素：①行政法律行为的主体包括行政主体与行政相对人，两者都可以做出特定的行政法律行为；②行政法律行为是在行政法上具有特定属性与法律意义的行为，即行政法律规范所确认的、能够发生法律上效力的行为，包括合法行为与违法行为；③行政法律行为是一种意志行为，具有内在的意志，即行为的主观方面的动机、目的以及认知能力等要素，意志包括善意与恶意；④行政法律行为是一种行为，其意志必须外在地表现为客观的行动。

（2）行政法律事件。行政法律事件是指由行政法律规范规定的、不以当事人的意志为转移的，能够引起行政法律关系形成、变更或消灭的客观事实。该定义包含以下要素：①行政法律事件是由行政法律规范规定的事实，具有引起行政法律关系形成、变更、消灭的法律意义；②与行政法律行为具有意志性不同，行政法律事件与当事人的意志无关；③行政法律事件是客观事实。根据事实性质的不同，行政法律事件可以分为社会事件与自然事件。

（五）行政法律关系的类型

根据不同的标准，对行政法律关系可以进行不同的类型。例如，根据行政法律关系中当事人之间关系的不同，行政法律关系还可以被划分为内部行政法律关系和外部行政法律关系两大基本类型。

（1）内部行政法律关系。内部行政法律关系是指双方当事人均为国家行政机关或隶属行政机关的行政法律关系，行政主体之间、行政主体与其公务员之间的关系都属于内部行政法律关系。内部行政法律关系的主体都属于国家行政系统，因而属于国家行政系统内部的法律关系，反映了国家行政系统内部的分工、管理与监督等。

（2）外部行政法律关系。外部行政法律关系是指国家行政机关和法律、法规授权组织在行政管理过程中行使行政职权，与作为行政相对人的个人、组织所发生的法律关系。内部行政法律关系和外部行政法律关系区分的意义在于两者分别适用不同法律原则与行政法律规范，不得交叉适用，这被称为"交错无效原则"。

第三节 行政法的基本原则

一、行政法基本原则的特征

行政法基本原则是指贯穿全部行政法规范，具有指导和制约全部行政立法、行政执法、行政司法和行政法治的监督意义，并体现我国行政法律制度的基本精神的准则。行政法基本原则是行政法的灵魂和精髓，是一种高度概括的、体现行政法基本价值观念的基础性规范，是隐含在行政法律规范后面的核心观念。它的基本特点主要表现在以下方面：

1. 普遍性。行政法基本原则覆盖行政法的各个领域，指导行政法律制度的各个环节。它既是纷繁复杂的行政法律规范中的统一因素，又是极易变动的行政法律规范中的稳定因素，因此，它最具有普遍适用的价值。

2. 特殊性。行政法基本原则是行政法所特有的能够体现行政法基本价值观念的行为准则。它不同于法的一般原则，因此不适用于行政法以外的其他法律规范。

3. 法律性。任何行政机关的行政管理活动违反了行政法的基本原则，都会导致直接的法律后果和法律责任。因此，行政法基本原则具有直接调整和规范行政行为的实施和行政争议处理的法律意义。

二、行政法基本原则的功能

1. 行政法基本原则有助于行政法体系的协调统一和稳定。我国行政管理的广泛性、多样性和复杂性，决定了行政法律规范也具有同样的特点。只有正确地把握体现行政法精神和实质的行政法基本原则，才能保证行政立法工作的统一性和稳定性。

2. 行政法基本原则有助于行政法律规范的正确实施。行政机关和司法机关在行政管理和司法实践中适用行政法离不开行政法基本原则的指导。面对形式多样且错综复杂的行政法律规范，行政法的实施者只有认真贯彻行政法的基本原则，深刻理解其精神实质，才能准确地理解和适用行政法的具体条文，排除行政法律规范之间的不协调现象，避免发生重大的偏差，实现行政法的调整目标。

3. 行政法基本原则有助于弥补行政法律规范的不足和疏漏。行政法基本原则和行政法的具体条文是统率与被统率的关系。当行政法律规范的具体条文缺失或存在漏洞时，行政机关和司法机关处理相关行政事务或行政案件可以直接适用行政法的基本原则。因此，行政法基本原则可以作为行政法适用上的一种补充。

三、行政法基本原则的内容

行政合法性原则是指行政机关的行政活动必须遵守法律，行政权力的取得和行使必须符合法律的规定，违法者必须承担法律责任。

行政合法性原则中的"法"是广义上的法，它既包括实体法，也包括程序法；既包括权力机关制定的法律，也包括行政机关依授权制定的法规和规章。当然，法规和规章不能与法律相抵触。

（一）行政合法性原则

依法行政强调一切行政活动必须以法律为依据；行政合法性强调一切行政活动必须符合法律，遵守法律，而这种法律既可以是形式上的法律规范，也可以是实质上的法律精神。因此，行政合法的外延大于依法行政，它主要是从实质上反映行政与法的关系。从"依法行政"走向"合法行政"是行政法治史上的一个飞跃，也是人们对行政法治的要求从形式走向实质的标志。

行政合法性原则的具体要求如下：

（1）实施行政行为的主体必须合法。只有拥有合法地位的行政机关和其他社会公共组织，才能行使行政职权，实施行政活动。

（2）行政行为必须合法。行政机关及其工作人员行使职权，做出行政行为应当严格遵守行政法律规范，不得超越法定权限，违反法定程序，否则其行政行为不具有法律效力。

（3）违法行使行政职权必须承担法律责任。行政机关及其工作人员因违法行政而承担相应的法律责任，包括行政行为被撤销、变更的责任以及行政赔偿责任和有关责任人员承担行政处分责任等，是行政合法性原则得以全面贯彻的重要保证。

（二）行政合理性原则

行政合理性原则是指行政机关做出的行政行为内容要正当、客观、适度，符合公平、正义等理性。行政合理性原则是因行政自由裁量权的存在与扩大而应运而生的，是对行政合法性原则的发展和补充。

由于行政管理活动具有复杂、多样和易变的特点，行政法律规范不可能做到毫无遗漏地对所有行政活动都做出缜密的规定，因此，行政机关需要享有一定范围和一定程度的自由裁量权。自由裁量权是指行政主体的自行决定权，即对具体行政行为的方式、范围、种类、幅度等的自由选择权。这种行政自由裁量权的行使不仅受到行政合法性原则的规范和约束而具有一定限度,同时还必须在法定限度内受到行政合理性原则的规范和约束而公平、适当。

行政合理性原则的具体要求如下：

（1）行政行为必须符合行政目的。法律赋予行政主体某种自由裁量权,包含着行使这项权力的宗旨和目的,如果行政机关实施的行政行为不是为了实现相关的行政目的,而是出于某种私利,即是不合理的行政行为。

（2）行政行为必须公正、适当。行政机关做出行政行为应当按照正当标准,考虑相关因素,排除不相关因素,同等情况同等对待,不偏不倚,客观、适度。

（3）行政行为必须合乎情理。行政机关做出的行政行为不应违背常理、违背客观规律,而应当一切从客观实际出发,充分考虑其行为的合理性和可行性。

（4）不合理的行政行为应当加以纠正或者撤销。行政监督机关对于不当或者显失公正的行政行为予以纠正或者撤销,对于给公民、法人或其他社会组织造成的损害给予赔偿,才能保证行政主体及其工作人员正确、合理地行使自由裁量权。

行政合理性原则和行政合法性原则互为前提、互为补充,而且处于相互影响和转化之中。行政合法性原则的诸多标准是建立在合理性基础上的。任何行政法律规范的制定和实施都应当符合客观规律,符合正义、公平的理性原则,符合行政的根本目的。而随着国家立法进程的推进,原先属于合理性的问题可能会提升到合法性的层次上,如行政奖励的条件和程序,未被立法规定之前属于合理性问题,在立法规定之后则转变为合法性问题。

第六章 行政行为与行政程序

第一节 行政行为的基础认知

行政机关为了实现行政目的必须针对相对人实施各种活动，对于这种为了实现公共利益的目的而进行的各种活动，在传统行政法学中一般使用"行政行为"的概念进行概括。行政行为概念不仅是行政法学的考察工具，而且也是行政法及行政法学得以成立的基础性概念。行政行为是指行政主体直接对公民、法人或其他组织行使行政职权，依据行政主体单方面意思表示而具体形成法律效果的行为。

一、行政行为的要素

1. 外部性。传统行政法学理论以法律关系主体的隶属关系或者行政权力的作用范围为标准，将行政法律关系划分为内部行政法律关系与外部行政法律关系，对两者分别采取不同的合法性要求与救济方式，这源于传统的特别权力关系理论。行政机关对另一行政机关或行政机关隶属工作人员所做出的行为，如果并不直接变动外部组织或个人的权利义务，仅仅属于内部关系的则被认为不是行政行为。

2. 权力性。在现实行政过程中，行政机关往往基于行政优越权的发动而做出行政行为，这体现了行政行为的权力性特征。权力性还包含有强制性的意思，做出一定的行政行为后，行政相对人必须服从。当然，在行政活动中，行政机关有时采用非权力性的方式进行行政活动。

3. 单方性。传统行政行为理论认为，行政行为是作为"公权力行使"的单方性行为，是由行政主体依据行政职权单方性做出的行为。因此，必须与行政合同相区别。行政合同是指以合同的形式进行的行政活动，与民事合同相同，行政合同也是以合同双方的合意为基础。因此，行政合同是一种双方性行为，虽然具有在法律上拘束相对人的效果，但一般认为基于双方当事人的合意产生法律效力的行政合同不属于行政行为。

4. 法律效果性。法律效果是指直接地变动或影响行政相对人的权利义务的效果。行政行为必须是具有法律效果的行为，不具有任何法律效果的单纯的事实行为，并非行政行为。

二、行政行为的种类

（一）依据行政行为针对的对象是否特定

根据行政行为针对的对象是否特定，可以将行政行为分为抽象行政行为与具体行政行为。抽象行政行为是指行政主体对不特定对象发布的、能反复适用的行政规范性文件；而具体行政行为是指行政主体针对特定的行政相对人就特定的事项做出的行为。两者的区别在于：

（1）行政相对人的特定性。具体行政行为的相对人明确、特定，而且一般在做出行政行为时就确定行政相对人；而抽象行政行为的相对人不确定，涉及的范围较大，而且范围有可能扩大或缩小。

（2）适用的次数。具体行政行为针对特定人和特定事项一般仅具有一次性的效力；而抽象行政行为针对的是某一类的事项，可以反复适用。

（3）表现形式。抽象行政行为通常表现为具有普遍约束力的行政规范性文件；而具体行政行为通常则表现为做出行政决定书或者由行政主体直接做出行为等方式。

（二）依据行政管理的规范

依据行政管理的规范，可以划分为内部行政行为与外部行政行为。两者的区分标准包括：

（1）行为的对象。内部行政行为针对内部组织或公务员；而外部行政行为针对外部的行政相对人。

（2）当事人之间的关系。双方当事人具有从属关系的是内部行政行为；不具有从属关系的是外部行政行为。

（3）行为的依据。内部行政行为依据内部行政规范，适用内部法定的管理手段、方法和程序；外部行政行为依据外部行政管理规范，适用相应的法律、法规所规定的手段、方法和程序。

（三）依据行政行为的方式

依据行政行为的方式，可以将行政行为分为作为性行政行为和不作为性行政行为。

（1）作为性行政行为。作为性行政行为是指行政主体以积极的、直接对相对人发生作用的方式进行的活动，表现为做出一定的行为。

（2）不作为性行政行为。不作为性行政行为是指行政主体消极维持现有法律状态的行为，表现为不做出一定的行为。

对于相对人申请的拒绝行为，虽然结果对于相对人而言与对于许可申请不予答复的不作为相同，相对人都不能获得许可，但拒绝行为本身是作为性行政行为，这点与对于许可申请不予答复的不作为性行政行为是不同的。由于不作为无法撤销，因此不能对其提起撤销诉讼，但可以对其提起违法确认诉讼或课予义务诉讼。

（四）依据行政相对人是否参与决定行政行为

依据行政相对人是否参与决定行政行为为标准，可以将行政行为分为单方行政行为和双方行政行为。

（1）单方行政行为。单方行政行为是指由行政主体单方面决定，而无须相对人同意即可做出的行政行为。

（2）双方行政行为。双方行政行为是指必须经行政主体和相对人双方协商一致才能成立的行政行为，如行政合同等。

（五）依据以行政主体是否可以主动做出行政行为

依据以行政主体是否可以主动做出行政行为为标准，行政行为可以分为依职权行政行为与依申请行政行为。

（1）依职权行政行为、依职权行政行为是指行政主体依据法律赋予的行政职权，根据自己的判断而主动做出的行政行为。

（2）依申请行政行为。依申请行政行为是指行政主体根据相对人的申请而依法做出的行政行为，如果没有相对人的申请，行政主体就不得主动做出。可见，在依申请行政行为中，行政相对人申请的提出是行政主体做出行政行为的前提。当然，在相对人提出申请后，是否做出行政行为由行政主体决定，因此即使是依申请行政行为，也具有单方性的特征。依申请行政行为对于相对人来说，一般都是受益性行为，在对依申请行政行为提起行政诉讼时，相对人必须对已经提出申请的事实进行举证。

（六）依据法律对行政行为规定的详细程度

依据法律对行政行为规定的详细程度，行政行为可分为羁束行政行为与裁量行政行为。

（1）羁束行政行为。羁束行政行为是指法律明确规定了行政行为的范围、条件、形式、程度、方法等，行政主体没有自由选择余地，只能严格依照法律规定做出的行政行为。

（2）裁量行政行为。裁量行政行为是指法律没有明确规定行政行为的范围、条件、形式、程度、方法等，而是由行政主体根据实际情况自行裁量做出的行政行为。从违法的法律后果来看，行政主体违反了羁束性规定就构成了行政违法，相对人可以提起行政诉讼以进行权利救济；而行政主体违反裁量性规定即构成行政不当，除滥用职权或显失公正外，司法权不得介入。

（七）依据是否具有行政主体的意思

依据是否具有行政主体的意思表示要素为标准，行政行为可分为法律行为性行政行为与准法律行为性行政行为。

（1）法律行为性行政行为。以行政主体的意思表示作为构成要素，依据行政主体的意思表示要素而产生法律上的效果。

（2）准法律行为性行政行为。不具有意思表示的要素，仅仅是单纯的意思通知、观念通知或感情表示的行为；不依据意思表示要素而产生法律上的效果，例如，通知、确认、公证、受理等行为；不直接影响相对人的权利义务。因此，不属于法律行为的范畴。

（八）其他分类

对行政行为还可以按其他标准进行分类，例如，以是否必须由法律对行为形式做出规定为标准，可以分为要式行政行为与非要式行政行为；以是否存在附款为标准，可以分为附款行政行为与无附款行政行为；以是否需要其他行为作为补充为标准，可以分为独立行政行为与需补充行政行为；以内容对行政相对人是否有利为标准，可以分为授益行政行为与负担行政行为等。

三、行政行为的成立、生效、变更与消灭

（一）行政行为的成立

"行政行为的成立是行政行为在法律上的起点。"[1] 行政行为的成立是指行政主体行使行政职权的意思表示已经确定并对外向相对人表示的形态，即做出行政行为的状态。行政行为的成立是行政行为存在的逻辑起点，也是行政行为生效的前提。行政行为的成立包含的要件如下：

（1）主体要件。行政行为的主体要件即行政主体，要求做出行政行为的主体必须是享有法定的行政职权的行政机关或法律、法规授权的组织。

（2）意思要件。行政主体行使行政职权的意思已经确定，行政行为的内容已经形成，这是行政行为成立的基础上在做出行政行为之前，行为主体必须具有凭借国家行政权力产生、变更或消灭某种行政法律关系的意图，并基于这种意图确定为了追求这一效果的意思，

---

[1] 沈开举，王红建. 试论行政行为的成立[J]. 行政法学研究，2002（01）：23.

这是行政行为成立的主观要件。当然，行政主体意思的确定必须依据法定程序进行，例如，由行政首长决定或经过会议通过等程序。

（3）行为要件。在确定行政主体的意思之后，必须在客观上形成基于该意思表示而做出的特定行为，即以一定的外部行为方式所表现出来的客观行为，这是行政行为成立的客观要件。

（4）表示要件。行政主体做出的行为能够直接或间接导致行政法律关系的产生、变更和消灭，因此，这种行为必须通过一定形式向相对人表示，即向相对人宣示该行政行为的做出。

（二）行政行为的生效

行政行为的生效是指行政行为发生形式效力的过程，即行政行为被推定为合法有效，对行政主体和行政相对人都产生一定的法律效力。行政行为的生效表明行政行为产生了行政主体所预期的法律效果。行政行为的生效一般以相对人知晓行政行为的成立为前提。行政行为从成立到生效，一般存在以下四种情形：

（1）即时生效。行政行为一经做出即产生效力，行政行为的成立与生效同时，即做出行政行为和行政行为开始产生效力的时间一致。由于即时生效的行政行为在做出的同时即生效，而不论相对人是否知晓，都不利于对相对人权利的保护。因此，即时生效的适用范围较窄，适用条件也较为严格，一般适用于紧急情况下所做出的需要立即实施的行为。

（2）告知生效。告知生效是指行政行为在告诉相对人知晓后生效。告知是指行政主体将行政行为的内容采取公告或宣告等形式，使相对人知悉、了解行政行为内容的程序性行为。行政行为的告知形式可以多样，包括口头、信函、通知、通报、公报、布告等。告知的对象可以是特定相对人，也可以是不特定的多数人。

（3）受领生效。受领是指行政行为告知相对人后，被相对人所接受、知悉和领会。受领生效是指行政行为须经相对人受领后方能生效。受领即接受、领会，但受领并不意味着必须得到行政相对人的同意，相对人同意与否并不影响行政行为的生效。受领生效的关键并非行政主体的告知行为，而是相对人已经知晓的结果。

（4）附款生效。附款生效是指为了限制行政行为的生效而在意思表示的主要内容上附加一定的期限、条件或负担等，只有当所附期限到来、条件满足、负担履行时，行政行为才能发生相应法律效力的生效方式。

（三）行政行为的变更

行政行为的变更是指对于已经实施的行政行为的内容进行部分改变的行为。行政行为的变更与行政行为的撤销或废止不同，仅仅是对行政行为的部分内容加以改变，而如果改变行政行为的全部内容，则意味着原行政行为的消灭以及新的行政行为的产生。

为了确保行政法律关系和法律秩序的安定性，行政行为的效力理论认为，已经生效的行政行为对于做出该行政行为的行政机关也具有拘束力和不可变更力，即非经法定程序不得随意变更。

1. 行政行为变更的主体

在法定变更的情形下，行政行为必须由有权机关进行变更。有权机关主要包括行政机关和司法机关两种类型：

（1）行政机关变更。有权变更行政行为的行政机关包括：

1）做出行政行为的原行政机关。行政行为做出后，做出行政行为的行政机关也负有服从该行为所确定的内容的义务，非经法定程序不得随意变更。但在法定的例外情况之下，可以由原行政机关进行变更。

2）做出行政行为的行政机关的上级行政机关。行政机关之间实行层级监督制度，上级行政机关对于下级行政机关具有监督的权限，因此可以变更下级行政机关做出的行政行为。

3）专门行政监督机关。行政监察机关、行政复议机关等专门性监督机关有权监督行政机关做出的行政行为的合法性和适当性，对于违法或不适当的行政行为，可以进行变更。

（2）司法机关变更。即使在行政诉讼中司法机关可以审查行政机关行为的合法性，但也存在着一定的界限。例如，一般认为，司法机关应当尊重行政机关的首次判断权，司法机关仅仅可以在行政权违法行为的情况下予以排除，但在行政机关做出首次判断之前，由司法机关代替其进行判断是对行政权的首次判断权的侵犯。基于该理论，原则上否认人民法院在行政诉讼中可以变更行政行为内容的权限。

此外，行政行为的相对人或者第三人也可以向有权机关申请变更行政行为，但最终是否变更由有权机关决定。

2. 行政行为变更的情形

（1）违法行政行为的变更。当行政行为做出之后，原行政机关或者其他有权机关发现该行政行为违法时，可以按照法定程序进行变更。但是，在行政诉讼过程中，做出行政行为的原行政机关要改变行政行为时受到一定的限制。

（2）合法行政行为的变更。对于合法的行政行为，有权机关也可以依据法定程序进行变更。行政行为有下列情形之一的，可以由做出行政行为的行政机关或其他有权机关依法变更行政行为的内容：

1）行政行为所依据的法律、法规、规章发生了改变。根据依法行政原则的要求，行政行为必须依据法律、法规、规章的规定做出。法律往往会做出特别的规定，允许有权机关依法变更行政行为的内容，使行政行为的内容与现行有效的法律、法规、规章的规定相一致。

2）行政行为所依据的客观情况发生重大变化。行政行为除了必须依法做出之外，还应当根据现实中的客观情况做出。

3）行政行为的内容显失公正。行政行为虽然在形式上没有违反法律、法规、规章的明文规定，但有时却与法律的目的和精神相违背，其内容显失公正。此时，有权机关可以依法变更行政行为的内容。

4）其他法定情形。原则上，不论何种情形，行政行为一经做出就不得变更。只有在法律、法规、规章明确规定的法定情形之下才可以由有权机关依法变更。

（四）行政行为的消灭

行政行为自生效之时起，即具有持续的法律效力，直至其所确定的权利义务关系的事项或者相应法律事实的发生而消灭。但有时也有可能因为法定的特殊事由的出现，而终止行政行为的效力。可见，从行政行为消灭的原因来看，行政行为的消灭可以分为以下情况：

1. 自然消灭

行政行为的自然消灭是指行政行为的法律效力的自然丧失，主要包括以下两种情形：

（1）内容已实现。内容已实现是行政行为消灭的最普通的形式。行政主体做出行政行为之后，相对人在规定的期限内依法切实履行或者被强制执行了行政行为所确定的作为或不作为义务，行政行为的内容和目的已经充分实现，因此自然消灭。这是行政行为消灭的最普通的形式。

（2）所附期限届满或解除条件实现。在附款的行政行为中，有关行政行为在附款中规定了行政行为有效期限。针对这种附期限的行政行为，法律往往也规定延续有效期限的措施，在行政行为期限届满之前，如果获得了行政主体的延期认可，则行政行为继续有效。

此外，在附款的行政行为中，还有一种附解除条件的行政行为。该行政行为在解除条件成就前，发生持续性的法律效力，而当所附加的解除条件成就后，法律效力就自然消灭。

2. 撤销、宣告无效

在行政行为违法或不适当的情况下，有权机关也可以依照法定程序撤销行政行为或者宣告行政行为无效。这种行政行为的消灭方式与上述行政行为的自然消灭不同，需要有权机关进行撤销或宣告。

从公定力理论来看，存在瑕疵的行政行为通常可以区分为无效行政行为与可撤销行政行为。

（1）无效行政行为。无效行政行为是指做出之时因欠缺法定实质要件而自始全然不发生法律效力的行政行为。欠缺法定实质要件是指完全不具备法律所规定的实质要件。

行政行为一旦被认定为无效，其后果是自始至终不存在任何法律效力。无效行政行为的效力丧失，是自始无效。因此，相对人不仅可以拒绝履行该行政行为所设定的义务，而且可以不受时间限制地要求有权机关宣告其无效，而有权机关也可以不受起诉期限等限制，认定并宣告该行政行为无效。

（2）可撤销行政行为。可撤销行政行为是指在主体、内容、形式、程序等要件方面存在着瑕疵，可以由有权机关依法予以撤销的行政行为。对于主要证据不足、适用法律法规错误、违反法定程序、超越职权、滥用职权的行政行为，人民法院可以判决撤销或者部分撤销。

可撤销行政行为被有权机关撤销之后，撤销的效果也溯及至该行为做出之日。可撤销行政行为必须自其被有权机关明确撤销之日起才完全丧失效力，在行政行为做出之日起至被撤销之日为止的这段时间内，其效力仍然存在。因此，相对人在行政行为被有权机关正式撤销之前，负有服从的义务，而且要求有权机关撤销该行政行为也受到时间方面的限制，而有权机关的撤销也同样受到期限的限制。

无效行政行为与可撤销行政行为都是违法的行政行为，但从违法程度上来看，无效行政行为的违法程度高于可撤销行政行为。区分无效行政行为与可撤销行政行为的理论意义在于在确定公定力的适用范围，而实践意义在于划分诉讼程序的不同，对于确定该行为的救济手段具有重要的意义。

3. 撤回

行政行为的撤回是由于相关法律法规或政策发生变化，导致行政许可所的依据发生变化，出于公共利益的需要，行政机关将已作出的行政许可予以撤回。

（1）行政行为撤回的适用情形。在特殊情况下，法律有时允许行政主体撤回行政行为。

已经实施的行政行为原则上不允许撤回，但在特殊情况下，依据法律的规定，可以进行变更。这种特殊情况主要包括：

第一，行政行为所依据的法律、法规、规章发生了改变。行政行为必须依据法律、法规、规章的规定做出，如果在行政行为依法出之后，作为其所依据的法律、法规、规章被修改或者废止，行政行为就丧失了合法性的基础。此时，法律往往会做出特别的规定，允许有权机关依法撤回行政行为。

②行政行为所依据的客观情况发生重大变化。行政行为必须根据现实行政中的客观情况做出，但随着时间的推移，行政行为所依据的客观情况也有可能发生重大变化，此时，为了公共利益的需要，有权机关可以依法撤回行政行为。

③其他法定情形。在法律、法规、规章的明确规定的其他法定情形之下，有权机关可以撤回行政行为。

（2）行政行为撤回的效果。撤回的效力是从自撤回之日起行政行为丧失法律效力。被撤回的行政行为，自撤回之日起丧失法律效力，而行政行为在撤回之前的法律效力不受撤回行为的影响。原则上，行政行为被撤回之前相对人获得的利益不应当因为行政行为的撤回而收回。而相对人的合法利益如果因为行政行为的撤回而受到损害的，行政主体应当对相对人进行必要的补偿。

第二节 抽象行政行为分析

抽象行政行为是指行政机关依据职权，对不特定的人做出的，可以普遍适用的行政行为。其特点是行为主体为国家职权部门，行为的对象是针对不特定的当事人，行为模式是制定具有普遍约束力的行政行为。由此，我国实务界和学界大多把抽象行政行为定性为行政行为，而不是立法行为。

一、抽象行政行为的特征

（一）普遍性

抽象行政行为是针对不确定的行政相对人做出的，凡是在行政管理区域内的与其特定管理活动相关的行政相对人都适用，这是抽象行政行为最为核心的特性，也是区分抽象行政行为和具体行政行为的标准所在。

抽象行政行为对象的普遍性包含的内容：

（1）平等性，抽象行政行为制定生效后，对于适用的相对人是平等的适用，不会因某一行政相对人的情况特殊而有不同。

（2）普遍有效性，对行政机关辖区内，对适用该抽象行政行为的行政相对人都具有普遍约束力。

（3）同一标准性，抽象行政行为的适用应当遵循统一的标准，抽象行政行为在制定时已设定好了假定条件和法律结果，规范地适用于行政相对人。

（二）反复使用性

抽象行政行为是某一相关区域和相关人群在特定的时期适用的行政规定，它并非针对某一具体个人或者某一具体单位，而是在规定的期限内反复的适用于符合相关规定的行政相对人。抽象行政行为的反复适用性，是站在行政主体的立场去考察抽象行政行为的特性，抽象行政行为生效后，行政机关可根据抽象行政行为的具体规定，反复适用于不同的行政相对人。

（三）特定性

抽象行政行为的制定主体具有更为严格的规定。主体的抽象行政行为制定权都是法律、法规、规章预先设定的。一个行政主体是否具有抽象行政行为设定权限及设定抽象行政行为范围，必须由法律法规预先规定。抽象行政行为的制定主体要严于具体行政行为的做出主体。

（四）多样性

抽象行政行为的表现形式，按照主要内容和针对客体，可以分为行政立法、行政解释和其他规范性文件等。不仅如此，我国不同机关做出的抽象行政行为，在名称上也有诸多不同。目前，行政体制下我国形成了体系庞大的抽象行政行为规范网。

（五）持续性

抽象行政行为的持续性，是指抽象行政行为的做出不只适用于某一个人，某一个具体的时间，而是在某一个时间段内持续有效。

二、抽象行政行为的分类

（一）行政立法

行政立法一般指行政法规和行政规章的制定，即国家行政机关，或者宪法法律赋予具有行政管理权的相关部门，为了执行法律规定的行政职权而制定或者认可某一抽象行政行为的活动。

1. 行政立法的类型

（1）行政法规的制定。行政法规的制定是国务院根据宪法和法律赋予的权力，制定关于行使行政职权制定的相关法规，国务院制定行政法规主要涉及三个方面：①为执行宪法法律的规定事项；②为履行国务院自身职权；③为执行全国人大及其常委会授权执行的事项。

（2）行政规章的制定。行政规章包括国务院部门规章和地方政府规章，部门规章的制定主体主要是国务院各部委，地方政府规章的制定主体有省级人民政府，各省会所在城市的市级政府，以及计划单列市和经济特区所在的市级人民政府。相对行政法规而言行政规章的主要内容显得比较单一，仅涉及本部门或者本地方的事务，规范的事项也相对要具体一些。

2. 行政立法的特点

（1）制定主体的特定性，行政立法的主体是特定的国家机关。

（2）制定程序的严格性，行政立法的程序往往严于其他的抽象行政行为的制定。

（3）效力相对于其他抽象行政行为要高，而且适用的范围也较其他抽象行政行为更为广泛。

（二）行政解释

行政解释是一种有权解释，是行政机关对法律法规的说明或者阐述，是行政机关对法律、法规和规章及其他的规定性文件，在具体工作和适用中的说明和指导。

我国的行政解释主要包括对法律适用过程中行政职权的解释，行政法规的解释，对地方性规章和部门规章的解释，对规范性文件的解释。行政解释具有较高的效力，例如国务院对行政法规的解释相当于行政法规本身，行政规章的解释也是如此。

行政解释的特点包括：

（1）主体的特定性，行政解释的主体必须是要有行政解释权的行政机关。

（2）解释对象的特定性，行政解释的对象是行政法规和行政规章。

（3）行政解释是有权解释，是具有法律约束力的解释。

（三）其他规范性文件

抽象行政行为表现为规范性文件，世界各国对规范文件的名称，种类、程序和效力的规定都有所不同，但在功能上都是具有普遍约束力的行政性文件。在我国规范性文件是指国家行政机关或者法律法规授权的组织为执行法律法规赋予的行政职权，而制定的具有普遍约束力的规定、办法、决定、通知、命令、公告等。

规范性文件的制定主体和表现形式主要包括：第一，国务院根据宪法和相关行政法律法规制定和发布的命令和指示；第二，国务院办公厅、各部委和具有行政主体资格的国务院直属事业单位，根据宪法和法律、国务院决定和命令，制定的在本部门职权范围内的命令和指示；第三，县级以上地方政府，为执行法律法规、地方人大及其常委会制定地方性法规和上级人民政府发布的规定、命令而制定的相关命令、措施、决定等；第四，乡镇人民政府为了执行相关职权而制定的决定和措施；第五，相关社会组织经法律法规授权而制定相关的管理条例。

抽象行政行为作为最基本的社会管理手段之一，将其纳入司法审查的范围内，也是执法为民的体现，要建立服务意识而不是管理思想，执法者的权力就应当敢于交给人民监督，交给司法审查。抽象行政行为的可诉制度建设是社会主义法治的本质要求，是顺应时代发展的要求，是建设社会主义和谐社会的要求。

三、抽象行政行为可诉的现实条件

将抽象行政行为纳入司法审查范围，是民心所向。无论从国内还是国际，理论还是实务，都已经具备了将抽象行政行为纳入司法审查监督的基础。在现有的监督体系不变的情况下，给予法院审理抽象行政行为的权力，是必要的可行的。抽象行政行为的可诉性，不仅在社会文化制度和理论讨论方面是可行的，在实际司法操作中也是可行的。

（一）已具备可诉的思想基础

一国的法治必须耕植于更大范围的文化土壤中，形成人们对于法治的普遍认识、习惯以及思维方式。抽象行政行为侵权案件中，也已经有部分行政相对人开始将抽象行政行为诉至法院，暂且不论法院的处理结果如何，至少可以看出国民通过诉讼维护自身利益的理念已经深入人心。抽象行政行为的诉讼审查，已经转化为民众维权的内在需求，将抽象行政行为纳入诉讼范围的思想基础已经具备。

（二）已初步形成可诉的制度

抽象行政行为的诉讼可以认为是行政复议附带审查的继续和接力，行政复议附带审查为司法审查铺平了道路。抽象行政行为司法审查的程序并不需要从零开始设计，行政复议中附带审查为抽象行政行为司法审查奠定了制度和实践基础。

（三）法学教育已提供可诉所需人才

抽象行政行为的诉讼相对于刑事和民事诉讼具有更强的专业性，对诉讼的各方都有较高的法律素养要求，不宜将抽象行政行为纳入诉讼范围，而本文并不认同这一观点。法学教育的发展，为抽象行政行为诉讼制度输送了高素质的法律服务者、执行者和理论研究者。全国律师团队已初具规模，法律服务行业正欣欣向荣地发展。不断进步的法学教育事业和不断发展壮大的法律服务行业，为公民抽象行政行为的维权，提供了专业的服务。

四、抽象行政行为的诉讼制度构建

随着社会经济的发展，抽象行政行为进入诉讼已经不可抵挡。为了维护广大人民群众的切身权利，保证社会的公平公正，为了社会主义和谐社会和法治社会的早日实现，抽象行政行为司法审查制度，应当提上日程。建立抽象行政行为的诉讼制度应当从以下方面入手：

（一）确定诉讼当事人

1. 确定原告

（1）违法抽象行政行为侵犯的权利客体，大部分是公民的财产利益和社会权利，这些权利是权利人可以自由处分的权利，是否要通过诉讼程序维护权利，是权利人的自由。权利人有选择的权利，检察院不能干涉权利人对权利的处分。

（2）检察院虽然是法定监督机关，但对于抽象行政行为的监督未必一定要通过诉讼来实现。

（3）随着社会法治的发展，国家的积极引导，用法律维护自身权利的观念已深入人心，民众的个别心理不能成为检察院代为参与行政诉讼的理由。公民权利意识的提高已经具备了作为原告的基础，并不需要由检察院代替民众诉讼。

（4）法律并不要求每个公民都是专业的诉讼人，社会有不同的分工，律师存在的价值就是为当事人提供专业的法律服务。抽象行政行为的相对人，有能力独立地成为抽象行政行为诉讼的原告，只要不服都可以诉讼，这是宪法赋予公民诉权的具体体现。所以，尽管民众法律素养不够，并不能成为检察院代替民众诉讼的理由。

2. 确定被告

作为抽象行政行为诉讼被告的确定，应当适用"谁署名，谁负责"的原则，即抽象行政行为是由哪一机关签署生效，就应当由哪一行政机关担当抽象行政行为诉讼的被告。

抽象行政行为的诉讼多个被告的确定，可以借鉴现有的法律规定，以在文件中签署印章的国家机关为共同被告。假定一份文件是由多个部门联合签发，应当列所有签署的机关为共同被告；如果签署的部门中有非国家机关，这类情况可以借鉴现有的诉讼方式列其为第三人参加诉讼。如果遇到特殊情况，做出抽象行政行为的机关被依法撤销的话，可以将继续履行被撤销行政机关职权的机关列为被告，如果没有继续履行被撤销的行政机关职权的行政机关，以做出撤销决定的行政机关为抽象行政行为的诉讼被告。

另外需要特别指出的是，国务院部门规章，地方政府规章及其以下的规范性文件则有所不同，因涉及具体的部门和地方，可能存在地方利益和部门利益，难以保证公平公正，所以有必要将省部级以下的抽象行政行为纳入司法审查的范围。仅仅将省部级以下的抽象行政行为纳入诉讼范围，也受到国家发展和司法体制限制，综上所述，暂不宜将国务院作为被告。

（二）诉讼的管辖范围

诉讼管辖是指具体案件的管辖法院，下面从级别管辖、地域管辖确定进行论述。抽象行政行为的诉讼有其特殊性，诉讼管辖法院的确定对案件是否能够得到公平处理有至关重要的作用。

1. 抽象行政行为的级别管辖

在对案件管辖的法院级别上主张高级别法院审理低级别的行政机关，具体设计为：

（1）当抽象行政行为的做出是由乡（镇）政府和县级政府职能部门做出时，审理抽象行政行为的法院应当以县基层法院作为管辖法院。

（2）抽象行政行为的做出是由县级政府或市级政府的职能部门做出时，管辖法院应当为中级人民法院。

（3）抽象行政行为由市级人民政府或者省级政府的职能部门做出时，管辖法院应当为省高级人民法院。

（4）抽象行政行为的做出是由省部级行政机关做出时，应当由最高人民法院审理。

2. 抽象行政行为的地域管辖

抽象行政行为的地域管辖，是指抽象行政行为诉讼案件归属哪个地方的法院管辖。我国行政诉讼司法体制奉行的原则是"原告就被告"，由于抽象行政行为具有地域性的特点，即抽象行政行为一般都只在本辖区内有效，一般情形针对的主体也是辖区内相对人，在此情形下适用"原告就被告"原则比较合适。

在抽象行政行为诉讼案件中，如果给予当事人自由选择管辖法院的权利，在现阶段行政机关垂直领导的体制下反而会导致监督不力和资源的浪费。

抽象行政行为的附带审查制度，即行政相对人在就具体行政行为申请行政复议时，有权针对做出具体行政行为的依据申请附带性审查。抽象行政行为的附带性司法审查也可以借鉴现行的行政复议模式,但实践操作中,可能会出现意外的情形。对此处理方式包括:①受案法院将抽象行政行为移送至有管辖权的法院,由有管辖权的法院进行审理,中止本院对本案的审理,等有权管辖抽象行政行为法院对案件做出裁决后,原法院再恢复审理具体行政行为,并据有权法院的裁决对具体行政行为做出裁决;②将具体行政行为和抽象行政行为案件一起合并移送有权审理抽象行政行为案件的法院,由该法院对案件一并审理,做出判决,其前提条件是原告同意。

(三) 司法审查的范围与要件

1. 司法审查的范围

人们不能笼统地把所有的抽象行政行为都纳入司法审查的范围内。法律是在变化发展的,在确定抽象行政行为的审查范围时,要灵活运用。确定抽象行政行为司法审查的范围,要和我国当前的基本国情相结合,同时还要有远见性,预测中国未来的发展方向。

当前形势下,我国抽象行政行为的审查范围应当确定在省部级以下的抽象行政行为,由于国务院行政地位的特殊性,目前不适宜将其所做的抽象行为纳入诉讼范围。

2. 司法审查的要件

抽象行政行为司法审查要件是指要确定当抽象行政行为违反哪些法律原则和标准时应当诉讼。在确定审查标准问题上,应当始终坚持合法性原则和合理性原则。从合法性原则和合理性原则出发,实质上和程序上都应符合正义原则。

(1) 合法性审查。对抽象行政行为的合法性审查,应当包括"行政主体是否合法,行政权限是否合法,内容是否合法,程序是否合法"。

1) 对行政主体的合法性审查,审查是否符合行政主体资格,是否具有宪法和法律规定的行政主体资格。

2) 审查权限是否合法,审查行政机关是否享有制定抽象行政行为的权限,如果不具备宪法和法律的授权,就存在行政越权和滥用行政权力的可能。

3) 审查抽象行政行为内容的合法性,是对抽象行政行为的实质性的审查,审查其是否违反上位法,是否有法律依据,是否遵循了法律保留和法律优先原则。结合当前国情,法院审查抽象行政行为内容的合法性,应当考虑:①是否和上位法冲突;②是否存在越权制定抽象行政行为,例如越权设置行政许可,随意增加公众义务等;③审查抽象行政行为设计的适用范围是否超出相关事务的范围。

4) 程序合法性审查,行政程序是指行政主体实施行政行为过程中所应遵循法律规定的方式、步骤、时限和顺序。为了有效地防止行政主体对行政权力滥用，规范行政机关的行政行为，保护行政相对人的合法权益，必须对抽象行政行为做出的程序是否合法进行审查。

（2）合理性审查。对抽象行政行为进行合理性审查，是由于行政自由裁量权的存在。自由裁量权的行使应当秉承公平、公正、公开的原则。对抽象行政行为的合理性审查主要针对的是制定主体和程序都符合法律的规定，但内容不合理的抽象行政行为。如果某行政机关在制定相关处罚幅度时，不考虑地方发展等因素，仅依据法律规定的最上限确立处罚条例，这一类抽象行政行为就可能需要对其进行合理性审查。对抽象行政行为合理性审查还会牵扯到法官的内心确信和法官的自由裁量，对抽象行政行为合理性审查，对法官的法律素质和道德水平有极高的要求。

（四）抽象行政行为的起诉方式

抽象行政行为一旦纳入行政诉讼的范围，主张采取直接诉讼和附带诉讼的方式提起诉讼，这一起诉方式与德国的直接审查和间接审查有相同之处。

（1）直接诉讼。直接诉讼是指当抽象行政行为被制定，产生行政效力后，利害关系人就可以抽象行政行为侵犯其相关权利为由，向有管辖权的法院提起诉讼。

（2）附带诉讼。附带诉讼是指当行政相对人就具体行政行为提起诉讼时，可将做出该具体行政行为的依据一并提起司法审查，要求法院审理该抽象行政行为的合法性。要注意的是，如果法院在审理具体行政行为时发现抽象行政行为有违法现象，不可以主动对抽象行政行为进行审查，但可以灵活地选择适用法律依据，等审理案件结束后再以司法建议的方式，建议行政机关撤销或者更改错误的抽象行政行为。

至于有些抽象行政行为要不要经过行政复议再进入诉讼阶段，这要依照具体情况而定，有些行政行为可能涉及国家政治和独立权威，设置行政复议前置是必要的。但是，对于普通的抽象行政行为，赞成借鉴现有的具体行政行为诉讼模式，给予公民选择的权利，可先复议后诉讼，也可以直接提起诉讼。至于怎样的抽象行政行为需要复议前置，在抽象行政行为诉讼范围中以列举的形式加以规定即可。

（五）司法判决

抽象行政行为的判决方式主要应以确认判决为主。因为法院的职能主要是司法审查，行使的是司法权不是行政权，因此不能代替行政机关做出行政行为。法院要做的是判决一个抽象行政行为是否合法，而不需要像审理具体行政行为那样，做出维持判决（有可能维持的）、撤销判决、履行判决和变更判决。因为一旦一个抽象行政行为被确定为违法，那么这一个抽象行政行为就不具有执行的效力，不可以作为具体行政行为的依据。

对抽象行政行为进行合理性审查，可以直接适用确认违法判决即可，因为变更判决并不是对原行政行为的否定，而是一种修改，法院和行政机关应当相互独立，法院不能代替行政机关做出行政行为。

抽象行政行为的司法判决应当具备溯及力。受到过具体行政行为影响的行政相对人，可以就该抽象行政行为被判定违法为依据，而要求申请行政机关行政复议或者提起行政赔偿，以维护自身合法利益。

第三节 具体行政行为分析

具体行政行为，是指国家行政机关和行政机关工作人员、法律法规授权的组织、行政机关委托的组织，或者个人在行政管理活动中行使行政职权，针对特定的公民、法人或者其他组织，就特定的具体事项，做出的有关该公民、法人或者其他组织权利义务的单方行为。具体行政行为的表现形式包括：行政命令、行政征收、行政许可、行政确认、行政监督检查、行政处罚、行政强制、行政给付、行政奖励、行政裁决、行政合同、行政赔偿等。下面仅对行政许可、行政处罚进行解读。

一、行政许可

（一）行政许可的特点

行政许可，是指行政主体根据公民、法人或者其他组织的申请，经依法审查，准予其从事特定活动的行政行为。行政许可具有以下特点：

（1）行政许可是法律对一般禁止事项的解除行为。行政许可以法律的限制为前提。这里的"限制"表明：①法律限制的是一般人从事某项活动；②法律对从事某项活动的主体仅仅是限制而不是禁止，如果法律绝对禁止行政相对人从事某项活动，如走私、贩毒等，那么行政相对人同样无法获得许可；③行政许可是对特定行政相对人的法律限制的解除，它是一种授权性行政行为，目的在于赋予申请人以某种权利、资格或权能，包括对行政相对人权利的赋予和对行政相对人义务的免除。

（2）行政许可是外部行政行为。行政许可是行政主体对行政相对人进行的一种管理行为，是行政主体管理经济和社会事务的外部行为。由于人事、财政、外事机关对立法机关、司法机关和行政机关的人事、财务、外事等事项的审批是内部行政行为，因而不属于行政许可。

（3）行政许可是依申请行政行为。行政主体做出行政行为必须以行政相对人的申请为前提，一般来说，没有行政相对人的申请，行政主体不主动为之。因为行政相对人没有提出申请，不提交相关资料和手续，行政主体是无法知道行政相对人有无从事相关活动的意思表示，是否具备从事某种活动的条件的，因而就不可能去审查并做出行政许可的决定。

（4）行政许可是授益行政行为。行政许可是行政主体通过颁发许可证、执照等形式赋予行政相对人从事某种行为的权利，或者参与某种活动的资格，或者免除行政相对人某种义务，其目的是使行政相对人通过行政许可而获取某种物质利益或者精神利益。这与行政主体对行政相对人科以义务或者限制与剥夺行政相对人某种权利的行政处罚明显不同。

（5）行政许可是要式行政行为。行政许可必须采取书面形式。行政许可的形式主要是许可证、资格证、资质证、执照、检验检测检疫印章、批准文书以及其他证明文件。行政许可行为必须遵循一定的程序，并以明示、正规的书面形式做出，否则不能产生法律效力。

（二）行政许可的类型

（1）普通许可和特别许可。以行政许可的范围为标准，可以分为：①普通许可。普通许可是指行政主体对符合行政许可一般条件的许可申请人给予的行政许可。②特别许可。特别许可是指除了普通许可的条件外，还附加了特别限制的行政许可。

（2）排他性许可和非排他性许可。以行政许可享有的程度为标准，可以分为：①排他性许可。排他性许可是指某一行政许可申请人获得行政许可后，其他人均不能再获得该行政许可。②非排他性许可。非排他性许可是指只要具备法定条件，任何人都可以申请并获得的行政许可。

（3）独立证书许可和附文件许可。以行政许可能否单独使用为标准，可以分为：①独立证书许可。独立证书许可是指行政许可证件已经具备了所有许可的内容而不需要其他文件补充说明的行政许可。②附文件许可。附文件许可则是由于特殊条件的限制，需要附加相关文件加以说明的行政许可。

（4）权利性许可和附义务许可。以行政许可是否附加义务为标准，可以分为：①权利性许可。权利性许可是指申请人获得行政许可后不承担作为义务，可以放弃被许可的事项，且不需要承担法律责任的行政许可。②附义务许可。附义务许可是指行政许可申请人获得行政许可后，还需要承担在一定期限内从事许可事项的义务，否则要承担相应法律责任的行政许可。

(5)长期许可和附期限许可。以行政许可的存续时间为标准,可以分为:①长期许可。长期许可是指被许可人获得行政许可后,可以长期使用的行政许可,除非被许可人放弃或因法定事由被终止。②附期限许可。附期限许可是指只能在一定的期限内有效,逾期将失去效力的行政许可。

(6)行为许可和资格许可。以行政许可的内容为标准,可以分为:①行为许可。行为许可是指行政主体根据行政相对人的申请,对符合法律规定的,允许其从事某种活动的行政许可。②资格许可。资格许可是指行政主体根据行政相对人的申请,通过考试考核的形式对合格者发放证明文书允许其享有某种资格或者证明其具备某种能力的行政许可。

(三)行政许可的原则

1. 便民与许可法定原则

(1)便民原则。便民原则是指行政主体在实施行政许可时,应当尽量为行政相对人提供便利,尽可能简化手续、使用方便快捷的途径,从而使行政许可申请人以最低的投入实现许可目的。对此,在现行规定中,经国务院批准,省、自治区、直辖市人民政府根据精简、统一、效能的原则,可以决定一个行政机关行使有关行政机关的行政许可权;行政许可需要行政机关内设的多个机构办理的,该行政机关应当确定一个机构统一受理行政许可申请,统一送达行政许可决定;申请人可以委托代理人提出行政许可申请;行政许可申请可以通过信函、电报、传真、电子数据交换和电子邮件等方式提出。

(2)许可法定原则。许可法定原则是指在设定和实施行政许可时,必须依照法定的权限、范围、条件和程序进行。这项原则包括两个方面:①依照法定的权限、范围、条件和程序设定行政许可;②依照法定的权限、范围、条件和程序实施行政许可。

2. 公开、公平、公正原则

(1)公开原则。行政公开是行政主体在设定和实施行政许可时,除涉及国家秘密、商业秘密和个人隐私外,必须向行政相对人及社会公开与行政职权有关的事项。通过行政公开,行政相对人可以有效地参与行政许可,以维护自己的合法权益;社会民众可以有效地监督行政主体依法行使行政许可权。

行政许可公开的基本要求是:①设定行政许可的过程是公开的,从行政许可的必要性、可行性,到行政许可可能产生效果的评估,都要广泛听取意见,允许并鼓励公众参与;②凡是行政许可的规定都必须公布,未经公布的,不得作为实施行政许可的依据。

(2)公平原则。公平原则是指政主体应平等地对待行政相对人,给予行政相对人平等的机会,使其享有同等的权利和履行相应的义务。在实施行政许可过程中,不得区别对待，做到不偏私、不歧视，不能对相同的事项做出不同的处理或者对不同的事项做出相同的处理。

（3）公正原则。公正原则是指行政主体和行政相对人之间应当达到实质的平等。它要求行政主体和行政相对人在适用法律上的平等和权利义务上的对等；在行政许可实施过程中，行政主体工作人员办理与自己有密切联系的行政许可时，应当遵循"自己不做自己的法官"原则，主动回避或者申请回避；在做出不利于行政相对人的行政许可决定时，应当听取行政相对人的陈述和申辩。

3. 效率与信赖保护原则

（1）效率原则。效率原则是指行政主体在实施行政许可时应当按照法律规定的时限及时办理许可事项，不得无故拖延，使行政许可的实施能以最小的经济投入获取最大的社会效果。

（2）信赖保护原则。信赖保护原则是指行政机关应当确保其管理活动的明确性、稳定性和连贯性，从而树立和保护行政相对人对行政机关及其管理活动真诚信赖的原则。信赖保护原则的基础是公众对国家和国家权力合法性的信任，这种信任是政府维护公共安全、社会稳定的重要条件。

信赖保护原则是指为了确保行政法律关系的稳定性、连续性，行政机关不得随意改变或撤销已经做出的行政行为，在因情势变更，为了公共利益而不得不改变或撤销行政行为时，必须对相对人给予补偿。信赖保护原则的基础是相对人对于行政机关及行政职权的信任，基于这种信任相对人对其行为进行了明确的预期。因此，当行政机关具有维护这种信任的义务，当不得不违背这种信任时，必须给予补偿。

4. 限制转让与监督原则

（1）限制转让原则。限制转让原则是指依法取得的行政许可，除法律、法规规定依照法定条件和程序可以转让的外，不得转让。这是因为行政许可对于相对人的能力、资金、技术性条件等有一定的要求。因此，不得随意转让。否则，就丧失了行政许可的监管意义。

（2）监督原则。监督原则包括两方面的要求：①上级行政机关对下级行政机关的层级监督，县级以上人民政府应当建立健全对行政机关实施行政许可的监督制度，加强对行政机关实施行政许可的监督检查；②行政机关对相对人的管理监督，行政机关应当对公民、法人或者其他组织从事行政许可事项的活动实施有效监督。

（四）行政许可的设定、实施与程序

1. 行政许可的设定

（1）行政许可的主体。行政许可的主体包括：全国人民代表大会及其常委会、国务院、有权地方人民代表大会及其常委会、省级人民政府。

（2）行政许可的范围。

1）可设定行政许可的事项。可设定行政许可的事项内容包括：①直接涉及国家安全、公共安全、经济宏观调控、生态环境保护以及直接关系人身健康、生命财产安全等特定活动，需要按照法定条件予以批准的事项；②有限自然资源的开发利用、公共资源配置以及直接关系公共利益的特定行业的市场准入等，需要赋予特定权利的事项；③提供公众服务并且直接关系公共利益的职业、行业，需要确定具备特殊信誉、特殊条件或者特殊技能等资格、资质的事项；④直接关系公共安全、人身健康、生命财产安全的重要设备、设施、产品、物品，需要按照技术标准、技术规范，通过检验、检测、检疫等方式进行审定的事项；⑤企业或者其他组织的设立等，需要确定主体资格的事项；⑥法律、行政法规规定已设定行政许可的其他事项。

2）排除设定行政许可的事项。排除设定行政许可的事项包括：①公民、法人或者其他组织能够自主决定的；②市场竞争机制能够有效调节的；③行业组织或者中介机构能够自律管理的；④行政机关采用事后监督等其他行政管理方式能够解决的。

2. 行政许可的实施

行政许可的实施是指行政主体根据行政相对人的申请，依法进行审查，决定是否准予其从事某种特定活动的过程，是实现行政许可的关键环节。

行政许可的实施主体包括：行政机关；法律、法规授权的组织；受委托的组织；专业技术组织。

3. 行政许可的程序

（1）一般程序。

1）申请与受理。行政许可是依申请行政行为，因此只有行政相对人提出行政许可申请才能启动行政许可程序。申请书需要采用格式文本的，行政机关应当向申请人提供行政许可申请书格式文本，申请书格式文本中不得包含与申请行政许可事项没有直接关系的内容。

申请人可以委托代理人提出行政许可申请，但是依法应当由申请人到行政机关办公场所提出行政许可申请的除外。行政许可申请可以通过信函、电报、电传、传真、电子数据交换和电子邮件等方式提出。

行政主体收到行政相对人的申请后，应当根据不同情况分别做出处理：①申请事项依法不需要取得行政许可的，应当即时告知申请人不予受理；②申请事项依法不属于本行政机关职权范围的，应当即时做出不予受理的决定，并告知申请人向有关行政机关申请；③申请材料存在可以当场更正的错误的，应当允许申请人当场更正；④申请材料不齐全或者不符合法定形式的，应当当场或者在5日内一次告知申请人需要补正的全部内容，逾期不告知的，将收到申请材料之日起即为受理；⑤申请事项属于本行政机关职权范围，申请材料齐全、符合法定形式，或者申请人按照本行政机关的要求提交全部补正申请材料的，应当受理行政许可申请。

2）审查与决定。审查是行政主体受理行政许可申请后，对申请人申请材料的内容进行合法性检查和核实。申请人提交的申请材料齐全、符合法定形式，行政机关能够当场做出决定的，应当当场做出书面的行政许可决定。根据法定条件和程序，需要对申请材料的实质内容进行核实的，行政机关应当指派两名以工作人员进行核查。行政机关对行政许可申请进行审查时，发现行政许可事项直接关系他人重大利益的，应当告知该利害关系人。申请人、利害关系人有权进行陈述和申辩，行政机关应当听取申请人、利害关系人的意见。

行政机关对行政许可申请进行审查后，除当场做出行政许可决定的外，应当在法定期限内按照规定程序做出行政许可决定。申请人的申请符合法定条件、标准的，行政机关应当依法做出准予行政许可的书面决定。行政机关依法做出不予行政许可的书面决定的，应当说明理由，并告知申请人享有依法申请行政复议或者提起行政诉讼的权利。

3）期限。除可以当场做出行政许可决定的以外，行政机关应当自受理行政许可申请之日起20日内做出行政许可决定。20日内不能做出决定的，经本行政机关负责人批准，可以延长10日，并将延长期限的理由告知申请人。

行政许可采取统一办理或者联合办理、集中办理的，办理的时间不得超过45日；45日内不能办结的，经本级人民政府负责人批准，可以延长15日，并将延长期限的理由告知申请人。依法应当先经下级行政机关审查后报上级行政机关决定的行政许可，下级行政机关应当自其受理行政许可申请之日起20日内审查完毕。但是，法律、法规另有规定的，依照其规定。行政机关做出准予行政许可的决定，应当自做出决定之日起10日内向申请人颁发、送达行政许可证件，或者加贴标签，加盖检验、检测、检疫印章。

4）听证。听证程序是指行政主体做出行政许可决定之前，给利害关系人提供发表意见提出证据的机会，由相关与事人对特定事项进行质证、辩驳的程序，其实质是听取利害关系人的意见。如果行政许可直接涉及申请人与他人之间重大利益关系的，行政机关在做出行政许可决定前，应当告知申请人、利害关系人享有要求听证的权利；申请人、利害关系人在被告知听证权利之日起5日内提出听证申请的，行政机关应当在20日内组织听证。

申请人、利害关系人不承担行政机关组织听证的费用。听证必须遵循法定的程序。

5）变更与延续。被许可人要求变更行政许可事项的，应当向做出行政许可决定的行政机关提出申请；符合法定条件、标准的，行政机关应当依法办理变更手续。被许4人需要延续依法取得的行政许可的有效期的，应当在该行政许可有效期届满 30 日前向做出行政许可决定的行政机关提出申请。但是，法律、法规、规章另有规定的，依照其规定。行政机关应当根据被许可人的申请，在该行政许可有效期届满前做出是否准予延续的决定；逾期未做决定的，视为准予延续。

（2）特别程序。实施行政许可的特别程序，主要内容包括：①特许，即行政主体按照法律规定授予行政相对人某种权利或设定某种权利能力、行为能力的行政许可；②认可，即行政主体对行政相对人的申请是否具备特定技能的认定；③核准，即行政主体对行政相对人的设备和产品是否具备特定技术标准、技术规范进行的判断和确定；④登记，即行政主体确立行政相对人是否具备特定主体资格、特定身份的许可；⑤有数量限制的许可，即由于客观条件的限制，在一定地域范围和时期内，行政主体只能发放一定数量的行政许可。有数量限制的行政许可，两个或者两个以上申请人均符合法定条件、标准的，行政机关应当根据受理行政许可申请的先后顺序做出准予行政许可的决定。但是，法律、行政法规另有规定的，依照其规定。

二、行政处罚

（一）行政处罚的特点

行政处罚是指有权行政主体依照法定职权和程序对违反行政法律规范但尚未构成犯罪的行政相对人实施制裁的具体行政行为。"只有行为人在实施违反行政管理秩序的行为时具有责任能力和责任条件，行政机关才能予以处罚，这就是行政处罚的责任主义。"[①]行政处罚具有以下特点：

（1）行政处罚的主体是特定的行政主体。根据现行规定，只有法律法规明确授予某一行政主体特定的处罚权时，这一主体才可行使该项权力。也就是说，并不是所有的行政主体都自然享有行政处罚权，一个行政主体是否享有行政处罚权以及享有何种处罚权是由法律法规明确规定的。

（2）行政处罚的目的是为了保障和监督行政机关有效地实施行政管理，维护公共利益和社会秩序，保护公民、法人或者其他组织的合法权益。

（3）行政处罚的前提是行政相对人实施了违反行政法律规范但尚未构成犯罪的行为。

---

① 王贵松. 论行政处罚的责任主义 [J]. 政治与法律，2020（06）：2.

（4）行政处罚的性质具有制裁性。行政处罚是以剥夺行政相对人的人身、财产权益为内容，从而达到预防、警戒和制止违法行为的目的。行政处罚的这些内容体现了很强的制裁性。该特点区别于赋予行政相对人权益的行政行为，如行政奖励、行政许可等。

（5）行政处罚是一种具体行政行为。行政处罚是享有行政处罚权的行政主体针对特定违反行政法律规范的行政相对人而采取的制裁行为；行政处罚只能适用一次，不能反复适用。

（二）行政处罚的原则

1. 处罚公正、公开原则

（1）处罚公正原则。处罚公正原则是指设定与实施行政处罚要公平正直，不得偏私。这是处罚法定原则的进一步延伸和补充，处罚公正原则体现在实体公正与程序公正两个方面：

①实体公正。行政处罚无论是设定还是实施都要过罚相当，与违法行为的事实、性质、情节以及社会危害程度相适应。

②程序公正。行政主体在实施行政处罚时，必须在法定的范围或幅度内，恰当地行使自由裁量权，充分尊重当事人程序上所拥有的独立人格与尊严不受侵犯的权利。同时，处罚公正原则还要求实行职能分离、罚缴分离以及听证回避等制度。

（2）处罚公开原则。处罚公开原则是指行政处罚的设定与实施要向社会公开。公开原则有两项基本要求：①设定行政处罚的法律、行政法规、行政规章要公开。未经公布的不能作为行政处罚的依据；②实施处罚的程序必须公开。行政主体在实施处罚时，应当表明执法身份，告知当事人做出处罚决定的事实、理由、法律依据以及当事人依法享有的权利；要充分听取当事人的意见，不能拒绝当事人的陈述与申辩；在符合法定条件下，还要举行听证会。

2. 处罚法定原则

处罚法定原则是对设定和实施行政处罚具有普遍意义的准则。它包含四层意思：①处罚设定权法定，即有权行政机关在各自的权限范围内，设定行政处罚的行为、种类和幅度；②处罚主体法定，即只有法律、行政法规、行政规章赋予行政处罚权的行政主体才能进行行政处罚，其他主体都无权进行行政处罚；③处罚依据法定，即只有在法律、行政法规、行政规章明确规定的情况下才能实施行政处罚，法无明文规定不处罚；④处罚程序法定，没有法定依据或者不遵守法定程序的，行政处罚无效。

3. 一事不再罚原则

一事不再罚原则是指对违法行为人的同一个违法行为，不得以同一事实和同一依据，给予两次或两次以上的处罚。一事不再罚作为行政处罚的原则，目的在于防止重复处罚，体现过罚相当的法律原则，以保护行政相对人的合法权益。一事不再罚原则包括：

（1）不能重复处罚，即同一行政主体不能对同一违法行为给予两次以上的处罚；同时，不同行政主体也不能对同一违法行为给予两次以上的处罚。

（2）违法行为构成犯罪的，行政主体必须将案件移交司法机关追究刑事责任，不能代替司法机关做出决定。

（3）违法行为构成犯罪的，人民法院判处拘役或者有期徒刑时，行政机关已实施了行政拘留的，应当依法折抵相应的刑期；人民法院判处罚金时，行政机关已实施了罚款的，应折抵相应的罚金。

（4）违法行为在两年内未被发现的，不再给予行政处罚。

4. 处罚与教育相结合原则

处罚与教育相结合原则意味着行政主体在对违反行政法律规范的行政相对人实施处罚的同时，要对其进行批评教育，使其自觉守法，而不能单纯以处罚为目的。处罚主要是给行政相对人产生强大的威慑作用，抑制并预防其将来再次侵害行政管理秩序；教育主要是从行政相对人的思想、内心引起重视，避免类似的事情再次发生。二者只有有机地结合起来才能最大限度地实现行政管理目标。教育必须以处罚为后盾，教育代替不了处罚，处罚也不是最终目的，二者不可偏废。

（三）行政处罚的种类

（1）警告。警告是指行政主体依法对违法行为人实施谴责和告诫。目的是通过对违法者的声誉和精神造成一定的社会影响，对其形成心理压力，进而促使其认识到自己行为的违法性和社会危害性，最终纠正自己的违法行为，不再继续违法。警告主要以书面形式做出，特殊情况下也可以口头做出。警告是最轻的行政处罚种类，它一般适用于公民，也可以适用于法人或其他组织。

（2）罚款。罚款是指行政主体依法强迫违法行为人在一定期限内缴纳一定数量金钱的处罚方式。它是行政处罚中运用最广泛，但存在问题最多的处罚方式。行政法律规范一般规定了罚款数额的幅度，行政主体必须在法定罚款数额的幅度内，按照公平、公正的原则做出决定，防止滥用自由裁量权。

（3）没收违法所得、没收非法财物。没收违法所得、没收非法财物是指行政主体依法对违法行为人的违法所得、非法财物收归国有的处罚方式。其中违法所得是指违法者因违法行为而获取的不应归于他的财产。违法所得只需确定其来自违法行为，即可予以没收；

非法财物是违法者所占有和使用的违法工具、物品及违禁品等，必须根据法律法规的规定才能予以没收。没收违法所得、非法财物和罚款都属于财产罚，但是前者是针对非法获得的收入或者用于非法活动的财物，后者针对合法取得的财产。

（4）责令停产停业。责令停产停业是指行政主体依法责令违法行为人停止生产、经营活动，从而限制或剥夺其从事工商业活动的处罚方式。它不直接限制或剥夺违法行为人的财产，而是对其科以不作为义务。它不具有永久性，一旦违法行为人在限期内改正了自己的违法行为，就可以恢复生产、经营活动。

（5）暂扣或者吊销许可证、暂扣或者吊销执照。暂扣或者吊销许可证、暂扣或者吊销执照是指行政主体依法通过暂扣或者吊销的方式，暂时中止或者完全终止违法行为人已经取得的权利或资格，限制或剥夺其从事某项特许活动的处罚方式。

（6）行政拘留。行政拘留是指公安机关依法对违法行为人在一定期限内限制其人身自由的处罚方式。它只能由公安机关决定和执行，期限为 1～15 天。行政拘留处罚合并执行的，最长不超过 20 日。行政拘留是行政处罚种类中最为严厉的处罚方式。

（7）法律、行政法规规定的其他行政处罚。这是一个弹性条款，目的是防止法律、行政法规在行政处罚种类设定上的漏洞。但是，要注意的是，这里的"法律、行政法规"是就狭义上而言的。法律是专指全国人民代表大会及其常委会依照法定程序制定的规范性文件，而行政法规则是国务院按照其立法权限和相应的程序制定和发布的规范性文件。

（四）行政处罚的设定、管辖与程序

1. 行政处罚的设定

法律、行政法规、地方性法规、行政规章可以设定行政处罚，其他规范性文件不得设定行政处罚。具体法律规范的设定权限如下：

（1）法律。法律可以设定各种行政处罚，其中限制人身自由的行政处罚只能由法律设定。

（2）行政法规。行政法规可以设定除限制人身自由以外的行政处罚。

（3）地方性法规。地方性法规可以设定除限制人身自由、吊销企业营业执照以外的行政处罚。

（4）部门规章。国务院部（委员会）制定的规章可以在法律、行政法规规定的给予行政处罚的行为、种类和幅度的范围内做出具体规定。尚未制定法律、行政法规的，部门规章对违反行政管理秩序的行为可以设定警告或者一定数量罚款的行政处罚，罚款的限额由国务院规定。相关部门可以授权具有行政处罚权的直属机构按照上述规定设定行政处罚。

（5）地方规章。地方规章可以在法律、法规规定的给予行政处罚的行为、种类和幅度的范围内做出具体规定。

2. 行政处罚的管辖

（1）行政处罚的级别管辖。级别管辖是指不同级别的行政主体间对违法行为在处罚上的权限与分工。我国现行规定，行政处罚由县级以上地方人民政府具有行政处罚权的行政机关管辖，但法律、行政法规另有规定的除外。

（2）行政处罚的地域管辖。地域管辖是指不同地区的行政主体间对违法行为在行政处罚上的权限与分工。违法行为由违法行为地的行政主体管辖，但法律、行政法规另有规定的，从其规定。

（3）行政处罚的职权管辖。职权管辖是指具有不同职能的行政主体间对违法行为在行政处罚上的权限与分工。

（4）行政处罚的指定管辖。指定管辖是指当出现不能依照法律规定确定管辖时，由上级行政主体以决定的方式将行政处罚案件指定给下级行政主体管辖。指定管辖的前提是管辖权发生冲突（包括积极冲突和消极冲突），如果管辖权没有冲突，则不宜指定管辖。

3. 行政处罚的程序

（1）行政处罚决定程序。

1）简易程序。简易程序，又称当场处罚程序，它是指行政主体依法对某些情节轻微的违法行为给予当场处罚的程序。它最大的特点是简便易行，不需要经过复杂的调查，能及时解决违法行为，能极大地提高行政效率。

适用简易程序的条件包括：①违法事实清楚，证据充分确凿；②处罚有法定依据，即必须是法律、行政法规、行政规章明文规定可以处罚的；③处罚较轻，即对公民处以50元以下、对法人或者其他组织处以1000元以下罚款或者警告的。当然简易程序仍然要遵循一定的步骤，具体包括：①表明身份；②说明理由；③告知权利；④制作笔录；⑤制作处罚决定书；⑥交付处罚决定书；⑦备案。

2）一般程序。一般程序是指除法律特别规定应适用简易程序以外的，行政处罚通常使用的程序。一般程序较为严格、复杂，适用范围广泛。一般程序的基本步骤包括：

第一，立案。立案是行政处罚一般程序的起点。它需要填写立案报告表，报单位主要负责人签批，并指派专人承办案件的调查取证工作。

第二，调查取证。调查人员应当向当事人或者有关人员出示证件。当事人或者有关人员应当如实回答询问，并协助调查或者检查，不得阻挠。询问或者检查应当制作笔录。行政机关在收集证据时，可以采取抽样取证的方法。在证据可能灭失或者以后难以取得的情况下，经行政机关负责人批准，可以先行登记保存，并应当在7日内及时做出处理决定。执法人员与当事人有直接利害关系的，应当回避。

第三，初步决定。调查终结，行政机关负责人应当对调查结果进行审查，根据不同情况，分别做出初步决定。对情节复杂或者重大违法行为应给予较重行政处罚的，行政机关的负责人应当集体讨论决定。

第四，说明理由并告知权利。行政机关在做出行政处罚决定之前，应当告知当事人做出行政处罚决定的事实、理由及依据，并告知当事人依法享有的权利。

第五，听取当事人陈述和申辩。当事人有权进行陈述和申辩。行政机关必须充分听取当事人的意见，对当事人提出的事实、理由和证据，应当进行复核；当事人提出的事实、理由或者证据成立的，行政机关应当采纳。

第六，做出处理决定并送达当事人。行政处罚决定书应当在宣告后当场交付当事人；当事人不在场的，行政机关应在7日内依照现行规定，将行政处罚决定书送达当事人。

3）听证程序。听证程序是指行政主体在做出某些行政处罚决定前，组织调查人员、案件当事人和利害关系人参加听证会，听取各方面的意见，由各方提供证据并相互质证的活动。听证程序不是一个单独的程序，它是一般程序中的特殊程序。其目的是为了保证行政处罚的公正、合理，能更好地保护行政相对人的合法权益。按照我国现行规定，听证程序适用于做出责令停产停业、吊销许可证或执照和较大数额罚款的行政处罚。听证程序的基本步骤包括：行政机关做出责令停产停业、吊销许可证或者执照、较大数额罚款等行政处罚决定之前，应当告知当事人有要求举行听证的权利；当事人要求听证的，行政机关应当组织听证。当事人不承担行政机关组织听证的费用。听证应当遵循法定的程序。

（2）行政处罚执行程序。行政处罚执行程序是指享有行政处罚权的行政主体为保证行政处罚决定所规定的义务得以实现而实施的行政强制执行的程序。根据行政行为的效力理论，只要行政机关做出了行政处罚，就应当立即执行。即便是被处罚人申请行政复议或者提起行政诉讼，行政处罚也不能停止执行，除非出现了法律所规定的或其他可以停止执行的法定情形。

另外，在罚款的执行方面，现行规定了罚缴分离的执行方法，即做出行政处罚决定的行政主体和收缴罚款的机构彼此分离，其目的在于限制滥用行政处罚权，保护行政相对人的合法权益。

（五）行政处罚的适用

（1）不予行政处罚。不予行政处罚是指当事人的行为虽然构成违法，但由于行为人的年龄或精神状态未达到法律所规定的条件，而不给予行政处罚。不予行政处罚具有如下特点：①不予行政处罚的前提是当事人的行为构成违法，如果当事人的行为不构成违法，则行政机关在任何情况下都不得对当事人施以行政处罚；②不予行政处罚的界限是违法主体的认知能力、精神状态或者违法行为的社会危害性未达到法律所规定的条件；③不予行政处罚的后果只是不承担行政法律责任，而对于该行为所引起的其他责任则不一定可以免除；④对不予行政处罚的当事人应加强法治教育。

不予行政处罚主要适用的情形包括：①不满14周岁的人有违法行为的；②精神病人在不能辨认或者不能控制自己行为时有违法行为的；③违法行为轻微并及时纠正，没有造成危害后果的。

（2）从轻或减轻处罚。从轻处罚是指行政主体在法定范围和额度内对违法行为人适用较轻的处罚；减轻处罚是指行政机关在法定的处罚幅度最低限以下，对违法行为人适用行政处罚。

按照现行规定，当事人有以下情形之一的，应当依法从轻、减轻处罚：①已满14周岁不满18周岁的人有违法行为的；②违法行为人主动消除或减轻违法行为危害后果的；③当事人受他人胁迫有违法行为的；④当事人配合行政主体查处违法行为有立功表现的；⑤其他依法从轻、减轻处罚的。

（3）从重处罚。从重处罚是指行政主体在法定范围和额度内对违法行为人适用较重的处罚。从重处罚的情形包括：①有较严重后果的；②教唆、胁迫、诱骗他人违反治安管理的；③对报案人、控告人、举报人、证人打击报复的；④6个月内曾受过治安管理处罚的。

第四节 行政程序及其主要制度

一、行政程序的原理

行政程序是指行政主体按照一定的步骤、方式、时限和顺序行使行政职权进行行政活动的过程。现代行政法不仅要求做出结果的行政行为必须合法，而且要求作为过程的行政程序也必须合法且"正当"。

（一）行政程序的价值

现代行政法学中越来越重视行政程序的价值，认为其在保障行政相对人合法权益、监督行政活动的合法性以及提高行政效率等方面都具有重要意义。

（1）确保相对人在行政法律关系中的对等地位。从程序本位主义来看，行政程序中相对人参与对等程序的设置体现了对相对人权益的尊重。在行政法律关系中，行政主体凭借其行政职权占据主导地位。而行政程序的价值就在于对行政主体行使行政职权的过程进行一定的限制，并通过相对人的参与，平衡行政主体与相对人在行政法律关系中的权利义务，确保相对人在行政法律关系中具有与行政主体相对等的地位，体现了形式上的正义。

（2）保障行政相对人的合法权益。行政程序的设定规范了行政主体进行行政活动的过程，避免行政主体的恣意而为侵害相对人的权益，而相对人的听证权、陈述权、申诉权等程序性权利的行使可以更好地保障其权益。在行政主体违法侵害相对人权益后，行政复议、行政诉讼等程序又为相对人提供了事后进行救济的途径。

（3）监督行政活动的合法性。行政主体必须依法进行行政活动，所依据的法律不仅是实体行政法，而且也包括程序行政法。程序合法是行政行为的合法性要素之一，通过对行政活动程序的设置，可以进一步对行政活动进行法律规制。行政过程中听证、陈述等相对人程序性权利的行使，也有利于行政主体查明事实真相，做出正确的行政行为。而行政复议、行政诉讼等事后程序又为监督行政活动的合法性提供了途径。可见，行政程序的设置对于控制行政主体的违法、监督行政活动的合法性具有重要意义。

（4）提高行政效率。行政程序的设置可以对行政活动的步骤、方式、时效、顺序等进行合理的规定，在保障相对人权益的前提下，使行政主体以紧凑的步骤、合理的顺序、适合的方式、一定的时限进行行政活动，从而提高行政活动的效率。

（二）行政程序的类型

1. 依据行政行为决定的做出时点

以行政行为决定的做出时点为分界线，可以将行政程序分为事前行政程序与事后行政程序。

（1）事前行政程序。事前行政程序是指做出行政行为决定并加以实施的过程，例如罚款决定的做出以及收缴的程序；事后行政程序是指在行政行为做出并实施后，对行政行为进行监督或救济的程序，例如相对人对罚款决定不服提起行政诉讼的程序。在事前行政程序中，行政主体占据主导地位，运用行政职权进行行政活动。

（2）事后行政程序。在事后行政程序中行政主体处于被动地位，被有权机关与相对人审查行政活动的合法性。在现代行政法学中，事前行政程序逐渐得到重视。事前程序的规范对于确保行政活动的合法性、保障相对人的合法权益具有重要意义。

2. 依据行政程序所涉及的对象和范围

以行政程序所涉及的对象和范围为标准，可以将行政程序分为内部行政程序和外部行政程序。

（1）内部行政程序。内部行政程序是指行政主体对内部事务进行管理或运作时进行活动的程序，例如上级行政机关对下级行政机关进行检查监督的程序。

（2）外部行政程序。外部行政程序是指行政主体行使行政职权对相对人做出行政行为的程序，例如行政机关针对相对人的申请做出许可决定的程序。内部行政程序对相对人的权利义务并无直接影响，而外部行政程序则涉及相对人的权利义务，因此，从法律规制的角度来看，对外部行政程序的法定化要求更高。

3. 依据法定行政程序与裁量行政程序

以行政程序是否存在法律的明确规定为标准，可以将行政程序分为法定行政程序和裁量行政程序。

（1）法定行政程序。法定行政程序是指法律对行政主体进行行政活动的步骤、方式、时限、顺序等做出明确规定的程序，因此，行政主体进行行政活动时必须遵守法定程序，否则即违法。

（2）裁量行政程序。裁量行政程序是指法律对于行政主体进行行政活动的程序并没有做出明确规定，而要求行政主体根据行政活动的具体情况裁量进行的程序。

4. 依据层次的不同

依据层次的不同，可以将行政程序分为微观行政程序与宏观行政程序两个不同的层次：

（1）宏观行政程序。宏观行政程序是指由微观行政程序法所构成的一系列行政活动的程序。

（2）微观行政程序。微观行政程序是指行政机关在实施具体的行政行为时所应当遵循的方式、步骤、时限和顺序，例如行政机关在做出行政处罚时必须经过听证或听取意见等程序。

一系列行政活动紧紧围绕着同一行政目的的实现而连续地展开，为实现同一行政目的连续进行的各行政活动之间的过程共同构成了宏观行政程序。现代行政法学的核心课题之一，在于将行政行为理解为宏观意义上的过程，并设计存在于其中各个阶段的微观过程，进而分析其特征，予以体系化。

5. 依据行政活动形式

依据行政活动形式的不同，在行政行为定型化的基础上，可以将行政程序划分为行政立法程序、行政计划程序、行政许可程序、行政处罚程序、行政强制程序、行政裁决程序、行政指导程序、行政合同程序等。由于各种行政活动的程序各不相同，这种分类具有一定的实际意义。

二、行政程序法

行政程序法是指调整和规范行政主体进行行政活动的步骤、方式、时限、顺序等过程的法律规范的总称，是对行政程序进行法治化的结果。行政程序法的存在方式有两种：一种是集中式的行政程序法典；另一种则是分散式，即行政程序法律规范散见于各单行法之中。

（一）行政程序法的原则

行政程序的原则是指行政主体进行行政活动过程中，在程序上所应遵循的基本准则，对所有的行政程序具有普遍适用性和指导性。从行政程序法的公正模式来看，行政程序法中应当体现公开原则、公正原则、参与原则、效率原则（图6-1）。

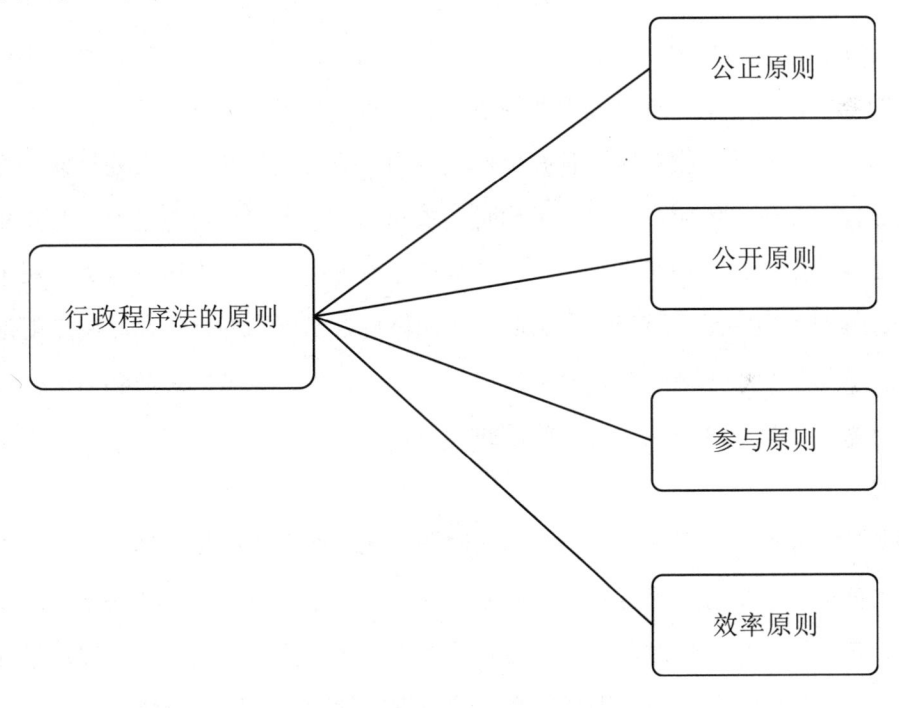

图 6-1 行政程序法的原则

1.公正原则

公正原则要求行政主体应当公正、适当地行使行政职权，在行政活动过程中排除偏见，平等地对待当事人。公正原则的要求包括：①行政主体必须依法、公正、适当地行使行政职权，正确认定事实，适用法律，从而确保行政行为的公正；②行政主体必须听取相对人及利害关系人的意见，提供相对人及利害关系人提出意见的机会，并认真考虑所提出的意见；③行政主体必须平等地对待行政过程中的当事人，不得偏私或存在偏见。为实现公正原则的行政程序制度包括回避制度、听证制度、案卷排他制度、职能分离制度等。

2. 公开原则

公开原则要求行政主体在进行行政活动的过程中，通过特定制度让相对人以及利害关系人了解有关该行政活动的情况。原则上，除涉及国家秘密、商业秘密以及个人隐私外，行政活动的情况都应向相对人以及社会公开，以保护相对人的合法权益，监督行政职权的行使。

公开原则的要求包括：①行政活动据以做出的法律、法规、规章以及规章以下规范性文件等依据必须事前公开，未经公开的法律规范不得成为行政活动的依据；②行政活动过程中的信息必须公开；③行政活动的内容必需的行政决定书等形式公开。为实现公开原则的行政程序制度包括信息公开制度、告知制度、说明理由制度、表明身份制度、听证制度等。

3. 参与原则

参与原则要求行政主体必须为相对人参与行政活动提供机会和条件，重视相对人在行政活动中的作用，这是行政过程民主性的体现。行政行为具有单方性的特点，行政主体凭借行政职权，可以不需要相对人同意做出行政行为，但为了保障相对人的权益、保证行政行为的合法性，行政主体应当尽量吸引相对人及利害关系人参与行政过程，并为相对人的参与提供必要的条件，在相对人参与后，应当充分尊重相对人的人格与行为，对于相对人参与行政过程中提出的意见应当认真听取。最能体现参与原则的行政程序制度就是听证制度，现代行政法一般要求对于侵害相对人权益的行政行为，在做出之前必须举行听证，从而赋予相对人参与行政过程表达自己意见的权利。

4. 效率原则

效率原则要求行政程序中步骤、方式、时限、顺序的设置必须合理、紧凑，在保障相对人权益的前提下，尽量提高行政效率。公正与效率都是行政程序法的法律价值，因此，行政程序法在实现公正价值的前提下，也必须考虑效率价值的实现。为实现效率价值的行政程序制度包括时效制度、简易程序制度、紧急程序制度、委托代理制度等。

（二）行政程序法的目标模式

行政程序法目标模式的选择对于行政程序法基本原则的确立、基本制度的建立等具有重要意义。行政程序法的目标模式包括：

（1）公正模式。公正模式是指行政程序法以控制行政权和保障公民权利为主要价值取向，在保证公正价值的基础上兼顾提高行政法效率的模式，当公正与效率价值发生冲突时，主张公正价值优先。因此，公正模式的特征在于注重听取公民的意见并为公民提供参与的机会，重视对公民权利的救济。根据侧重点的不同，公正模式又可以细分为权利模式、民主模式、控权模式、保权模式、保护模式等。

（2）效率模式。效率模式是指行政程序法以提高行政效率价值为主要价值取向，在保证效率价值的前提下兼顾控制行政权和保障公民权利的公正价值的模式，当公正与效率价值发生冲突时，主张效率价值优先。效率模式的特征在于强调程序的协调、迅速、便利，行政活动的过程、步骤力求紧凑，重视行政程序的可操作性，实行较多的简易程序和紧急程序。

从我国行政法的现状来看，应当选择公正模式作为行政程序法的目标模式。即行政程序法主要应当注重程序对行政权的控制和对相对人权利的保障，在此基础上，注重保障行政活动的顺利进行，促进行政效率的提高。

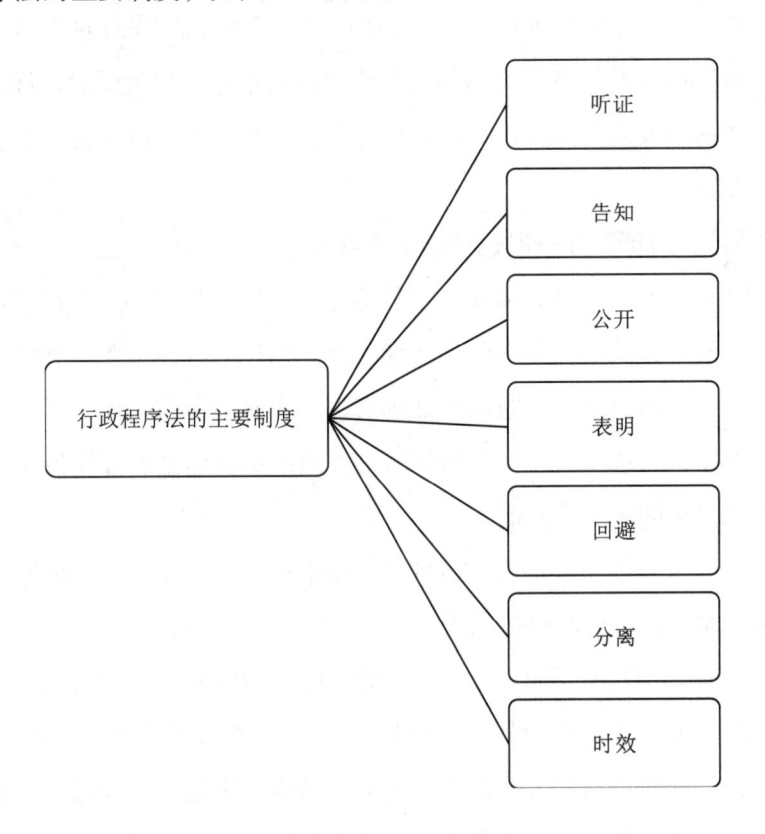

三、行政程序法的主要制度

行政程序法的主要制度，如图 6-2 所示。

图 6-2 行政程序法的主要制度

（一）听证

听证，又被称为"听取意见"，是指行政主体在做出影响相对人权利义务的行政行为之前听取相对人意见的程序。

（1）听证的适用范围。目前，听证程序已经被广泛应用于行政立法、行政决策、具体行政行为等领域。

（2）听证的主要内容。

1）听证主持人。在听证程序中，主持人的确定应当遵循职能分离的原则。在举行行政许可的听证时，行政机关应当指定审查该行政许可申请的工作人员以外的人员为听证主持人，当申请人、利害关系人认为主持人与该行政许可事项有直接利害关系的，有权申请回避。

听证主持人职责和义务包括：听证决定的通知，有关材料的送达，听证程序的主持，做好听证笔录的制作，并根据听证证据所确定的事实、依据法律、法规的规定对案件做出独立的、客观的、公正的判断。

2）听证当事人以及其他参加人。听证程序的当事人包括代表行政主体直接参与案件调查取证的人员或部门以及行政行为的相对人或利害关系人，与听证的处理结果有直接利害关系的第三人也有权要求参加听证。在听证过程中，相对人可以委托代理人参加听证，以维护自己合法权益。

3）听证的程序。听证程序一般包括以下步骤：

第一，组织听证。行政主体在做出行政行为之前，应当告知相对人具有要求举行听证的权利。当相对人有举行听证的要求时，行政主体应当组织听证。要求听证是免费的，申请人、利害关系人不承担行政主体组织听证的费用。当然，行政主体也可以主动要求举行听证。在这种情况下，直接由行政主体组织听证。组织听证包括听证主持人的指定、听证场所的安排、听证日期的确定等方面。

第二，听证通知。行政主体应当在听证举行前的一定期间将举行听证的时间、地点通知申请人、利害关系人，必要时还应当予以公告。

第三，举行听证。举行听证时，首先由行政主体一方宣布拟做出的具体行政行为的内容及其理由，并提供相关的证据。然后，相对人及利害关系人进行答辩，并可以提出证据，并进行申辩和质证。证据包括证言、物证、证书、当事人陈述、勘验笔录、视听材料等。所有与案件主要事实认定有关的全部证据都必须在听证中出示并经认定、鉴定和辩论；否则，不得作为主持人认定案件的事实依据。

听证会一般应该公开举行，但公开举行听证有可能损害公共安全和被告的合法权益，或者存在法律、法规规定的其他情况的，行政主体也可以做出不公开举行听证的决定。

第四，制作听证笔录。听证主持人在听取双方辩论后，制作听证笔录。制作听证笔录之后，应当交听证参加人确认无误后签字或者盖章。

第五，做出行政决定。听证后听证主持人应当向行政主体提出听证、笔录以及做出或不做出特定行政行为的建议，行政主体应当在参照听证笔录及其建议的基础上做出行政行为。至于行政主体是否必须根据听证笔录做出行政行为，各法律中规定的并不一致。

4）听证能力的确保——案卷排他制度。案卷排他制度是指行政主体的任何行为都只能以行政案卷作为根据，不能在案卷之外以相对人所未知或未质证的事实作为根据。是否实行案卷排他制度直接决定了听证笔录的效力，因此，该制度被视为听证的核心制度。

（二）告知

告知是指行政主体在进行行政活动的过程中，将行政活动的信息通过一定的方式使相对人知晓、了解的程序制度。在法律规范中，告知表现为"告知""通知""告示""公告""教示"等。告知是为了满足相对人的知情权，是实现公开原则的主要制度。告知的内容包括与行政活动相关的信息、相对人享有的权利、行政行为的内容以及做出行政行为的事实、理由、依据等。告知一般以书面方式进行，特殊情况下可以采用口头方式告知。

告知包括说明理由，说明理由是指行政主体在对相对人做出侵害其权益的行政行为时，必须向相对人说明做出该行政行为的事实、理由以及法律依据。

（三）公开

信息公开是指行政主体在进行行政活动时，主动或依相对人的申请而公开有关信息资料的程序制度。除行政主体主动公开的信息外，只要不属于法定保密的范围，相对人有权请求行政主体公开其所掌握的记录和资料，对于这些记录和资料，相对人具有查阅和复制的权利。与告知同样，信息公开也属于实现相对人知情权以及行政公开原则的程序制度。

信息公开中的"信息"是一个较为宽泛的概念，是指行政机关在履行职责过程中制作或者获取的，以一定形式记录、保存的信息。行政机关对符合基本要求之一的政府信息应当主动公开：第一，涉及公民、法人或者其他组织切身利益的；第二，需要社会公众广泛知晓或者参与的；第三，反映本行政机关机构设置、职能、办事程序等情况的；第四，其他依照法律、法规和国家有关规定应当主动公开的。信息公开的方式包括行政机关主动公开与行政机关依据相对人申请的公开。保障公民、法人和其他组织依法获取政府信息，提高政府工作的透明度。

（四）表明

表明身份是指行政主体及其工作人员在做出行政行为前，向相对人出示证件或公务标志等，以证明其享有某种职权的程序制度。表明身份是为了防止有人冒充国家机关工作人员或者以其他虚假身份招摇撞骗。当然，表明身份制度也有例外，在法律规定应当保密的情况下，不得表明身份。

（五）回避

在行政法中，回避是指为了防止徇私舞弊或发生偏见，行政主体的工作人员在处理与自己具有利害关系的行政案件时，依法终止其职务的行使并由他人代替进行的程序制度。

（1）职务回避。任职回避又称为职务回避，是指对有法定亲情关系的公务员，在担任某些关系比较密切的职务方面做出的限制。其目的在于将工作关系与亲属关系相分开，以使公务员之间形成比较和谐单纯的工作关系。

（2）地域回避。地域回避是对公务员原籍任职方面所做的限制规定，是指担任一定领导职务的公务员不得在自己的原籍及其他不宜任职的地区，担任一定级别的公职。规定地域回避制度，其目的在于避免亲属、宗族关系、友情对工作的干扰，为公务员创造一个良好的工作环境。

（3）公务回避。公务回避是指公务员在行使职权过程中，因其与所处理的事务有利害关系，为保证实体处理结果和程序的公正性，依法终止职务行为而由其他公务员来行使相应的职权。

（六）分离

职能分离是指将行政主体审查案件的职能与对案件进行裁决的职能分别授予不同的机构或人员来行使的程序制度。职能分离制度以分权理论为基础，是行政主体内部的权力制约机制，希望通过分权达到不同机构或人员之间相互制衡，从而保障相对人合法权益的目的。

职能分离仅限于行政主体内部机构或人员之间的分离，相互分离的各机构或人员同属于行政主体。此外，还有一种审裁完全分离的制度，即审查案件的职能与裁决案件的职能，分别交给两个相互完全独立的行政机关来行使的制度。但这种制度过于强调审裁的分离，考虑到案件的专业性等问题，审裁完全分离制度的运用并不多见。

（七）时效

时效是指行政主体与相对人在行政活动中必须遵守的期间限制，超越期限将引起某种法律后果的程序制度。现代行政法在注重保障相对人合法权益的同时，也注重提高行政过程中效率，要求行政主体与相对人都必须及时行使自己的权利，否定应当承担不利的法律后果。

要求行政相对人在法定的时限内主张维护自己的权利，逾期则不对其主张的权利进行保护；而另一方面，则要求行政主体在法定的时限内必须处理该行政案件，做出行政作为，逾期不处理将承担相应的法律责任。因此，合理的时效制度不仅是为了提高行政效率，也是为了保障相对人的合法权益。

第七章 行政诉讼与行政赔偿

第一节 行政诉讼原则

"行政诉讼是指公民、法人或者其他组织认为行政机关的行政行为侵犯其合法权益,向人民法院提起诉讼,人民法院依法予以受理、审理并做出裁判的活动。"[①]

行政诉讼是指公民、法人或者其他组织认为行政机关和法律法规授权的组织做出的行政行为侵犯其合法权益,依法向人民法院起诉,人民法院依照法定程序审查行政行为的合法性并且做出裁判,从而解决行政争议的活动。

行政诉讼是解决一定范围内行政争议的司法治度,其程序更为严格,裁量结果更具公正性和权威性。行政诉讼的原告是作为行政管理相对一方的公民、法人或其他组织;行政诉讼的被告是指被原告起诉指控侵犯其行政法上的合法权益和与之发生行政争议,而由人民法院通知应诉的行政主体。

行政诉讼的核心内容是审查行政行为的合法性,实现司法权对行政权的监督和制约,从而保障公民、法人或者其他组织的合法权益不受违法行政行为的侵害。正是这一特征,决定了行政诉讼的审理和裁判形式不同于刑事诉讼和民事诉讼。

行政诉讼基本原则是由行政诉讼法所规定的在行政诉讼过程中起指导和支配作用的基本行为准则。它高度概括并集中体现了行政诉讼的基本精神和价值取向,揭示出行政诉讼的性质和特点。掌握行政诉讼的基本原则,有助于正确地理解行政诉讼法的具体条文和核心内容,有助于人民法院正确、及时地审理行政案件,也有助于诉讼参与人依法行使诉讼权利和履行诉讼义务。

行政诉讼的基本原则可以分为与民事诉讼、刑事诉讼共有的原则和行政诉讼所特有的原则。

一、诉讼制度的共有原则

行政诉讼与民事诉讼、刑事诉讼是人民法院主持下的三大诉讼制度,它们共有的司法原则主要包括:

---

① 尚海龙,韩锦霞. 行政诉讼实务教程[M]. 北京:中国民主法治出版社. 2016:1.

1. 人民法院依法独立行使审判权原则。
2. 以事实为依据，以法律为准绳原则。
3. 合议、回避、公开审判和两审终审原则。
4. 当事人在诉讼中的法律地位平等原则。
5. 使用本民族语言文字进行诉讼原则。
6. 辩论原则。
7. 人民检察院对诉讼实行法律监督原则。

二、行政诉讼的特有原则

行政诉讼受理的对象是行政案件，这一特殊性决定了行政诉讼具有与其他诉讼不同的原则。这些特有原则主要有：行政行为合法性审查原则；诉权保障原则；被告负举证责任原则。其中最为重要的是人民法院对行政行为进行合法性审查原则。因为人民法院在行政诉讼过程中审查的是被诉行政行为是否具有合法性。对行政行为合法性的审查内容主要包括：行政主体做出具体行政行为的主要证据是否充分、确凿；适用法律、法规是否错误；是否违反法定程序；是否超越职权；是否滥用职权；是否存在不履行或拖延履行法定职责的情形。

人民法院审理行政案件以审查行政行为的合法性为原则，以审查行政行为的合理性为例外。在法定的例外情况下，人民法院也可以审查行政行为的合理性。

第二节 行政诉讼受案范围与管辖

一、行政诉讼的受案范围

行政诉讼的受案范围是指法律所规定的人民法院受理的行政案件的范围。它确定了人民法院与其他国家机关在受理行政案件、解决行政争议权限上的分工，界定了司法权对行政权监督和制约的范围，决定了公民、法人或者其他组织受司法保护的程度。因此，行政诉讼受案范围对于主持行政诉讼活动的人民法院和诉讼双方当事人都具有十分重要的意义。

行政诉讼受案范围的宽窄是由一个国家的政治、经济、文化、历史条件和法治状况所决定的。以制定法规定行政诉讼的受案范围，主要分为三种方式：

1. 概括式。概括式是即对行政诉讼受案范围以一个统一的原则性的标准做概括规定。这种方式的优点是简单、全面、灵活,包容性大;缺点是过于宽泛,不易具体掌握。

2. 列举式。列举式是由法律、法规分别列举哪些事项属于受案范围和哪些事项不属于受案范围。这种方式的优点是具体、明确、界限清楚,易于掌握;缺点是烦琐、机械,易于遗漏,难以穷尽,会在一定程度上影响公民、法人或者其他组织合法权益的全面保护。

3. 混合式。混合式是将概括式和列举式混合使用,对受案范围先做概括规定,再做列举规定。这种方式具有发挥二者长处、避免二者短处、原则性和灵活性并重、科学性和实用性并存的特点。

我国采取混合式的方式确定行政诉讼受案范围。以概括的方式确立了行政诉讼受案范围的基本界限,明确规定公民、法人或者其他组织认为行政机关和行政机关工作人员的行政行为侵犯其合法权益,有权依法向人民法院提起行政诉讼;以列举的方式分别列出人民法院受理的各类行政案件,同时对一些目前难以全面列举而且今后将逐步纳入行政诉讼受案范围的行政案件做出概括性规定;以列举的方式排除了不属于行政诉讼受案范围的诸事项。

二、行政诉讼的管辖

行政诉讼管辖是指人民法院之间受理第一审行政案件的分工和权限。管辖的实质是确定哪些第一审行政案件由哪个法院审理,公民、法人或者其他组织应向哪个法院起诉,行政机关应向哪个法院申请执行具体行政行为。人民法院的管辖权与审判权具有密切联系,二者互为基础和前提。审判权是确立管辖权的前提,没有审判权,也就没有管辖权。但是审判权的实现又是以管辖权为基础的,管辖权不存在,审判权便无法正常行使。

正确确定行政诉讼管辖具有三方面意义:第一,有利于人民法院内部分工负责,明确责任,及时行使审判权,避免法院之间对行政案件互相推诿或相互争执;第二,有利于公民、法人或者其他组织正确有效地行使诉讼权利,避免因管辖不明而到处奔波,投诉无门,致使合法权益得不到及时有效的保护;第三,有利于行政机关明确哪个法院对其做出的具体行政行为享有司法审查权,从而正确地履行行政职责和诉讼义务。

行政诉讼管辖分为级别管辖、地域管辖、裁定管辖。确定行政诉讼管辖的原则主要有利于当事人诉讼原则、便于人民法院相互之间合理分工原则、便于人民法院公正地审理行政案件的原则。

(一)行政诉讼的级别管辖

级别管辖是指各级人民法院之间审理第一审行政案件的权限划分。确定级别管辖主要以行政案件的性质、影响大小和难易程度等因素为标准。

1. 基层人民法院管辖

基层人民法院是全国法院系统最基层的单位，分布范围广，是确定级别管辖的基础。除现行规定的中级、高级或最高人民法院管辖的第一审行政案件外，一般行政案件均由基层人民法院作为第一审法院予以管辖，基层人民法院的派出人民法庭不审理行政案件，也不审查和执行行政机关申请执行其具体行政行为的案件。

2. 中级人民法院管辖

中级人民法院管辖下列第一审行政案件。

（1）对国务院部门或者县级以上地方人民政府所做的行政行为提起诉讼的案件。以国务院部门为被告的案件，被告级别较高，而且其行政行为政策性、专业性较强，案件审理结果对社会影响较大，不宜由基层人民法院审理。以县级以上地方人民政府为被告的案件一般在当地影响较大，案件相对复杂，且容易受当地政府的干预，所以这类案件由中级人民法院管辖，有助于人民法院排除不正当因素的干扰，做出公正的审判。

（2）海关处理的案件。海关处理的案件主要有海关关税案件、海关行政处罚案件、海关采取行政强制措施的案件等。海关处理的案件由中级人民法院管辖，主要是因为海关的业务均有较强的专业性、技术性和政策性，相关案件的处理比较复杂且有一定难度，而且作为行政诉讼被告的海关又多在中级人民法院所在地，因此由中级人民法院作为第一审法院较为适宜。

（3）本辖区内重大、复杂的案件。根据现行规定，本辖区内重大、复杂的案件一般是指社会影响重大的共同诉讼、集团诉讼案件，重大涉外或者涉及香港特别行政区、澳门特别行政区、台湾地区的案件以及其他重大、复杂的案件。为了保证行政审判的质量，由中级人民法院管辖上述行政案件是十分必要的。

（4）其他法律规定由中级人民法院管辖的案件。

3. 高级人民法院管辖

高级人民法院的主要任务是对不服中级人民法院裁判的上诉案件进行审理，并对其辖区内的中级人民法院和基层人民法院的审判工作进行指导和监督。高级人民法院只管辖本辖区内重大、复杂的第一审行政案件。这里所说的重大、复杂的案件，是指在一个省、自治区、直辖市范围内，案情重大、涉及面广、案情复杂、影响重大的行政案件。最高人民法院作为国家最高审判机关，其主要任务是对地方各级人民法院和专门人民法院的审判工作进行指导和监督；对审判工作中的法律适用问题进行司法解释；对不服各高级人民法院一审裁判而提起上诉的案件进行审理。因此，最高人民法院只管辖全国范围内重大、复杂的第一审行政案件，如在全国有重大影响、人民群众反响强烈的案件。

（二）行政诉讼的地域管辖

地域管辖是指同级人民法院之间在审理第一审行政案件时的权限分工。地域管辖是根据法院的辖区与当事人所在地或者诉讼标的所在地的关系确定行政案件的管辖。行政诉讼中的地域管辖分为一般地域管辖和特殊地域管辖。

1. 一般地域管辖

一般地域管辖，是指一般情况下适用于一般行政案件的地域管辖方式。对于行政案件的地域管辖可分为以下三种情况：

（1）行政案件由最初做出行政行为的行政机关所在地人民法院管辖。因为原告与被告大多处于同一辖区内，由该辖区的人民法院管辖，对双方当事人都方便有利，也便于法院及时查明案情和审理案件。

（2）经复议的案件，也可以由复议机关所在地人民法院管辖。经行政复议的案件，无论复议机关改变或者维持原行政行为，既可以由最初做出行政行为的行政机关所在地人民法院管辖，也可以由复议机关所在地人民法院管辖。向哪个法院提起诉讼，由原告自行选择。

（3）经最高人民法院批准，高级人民法院可以根据审判工作的实际情况，确定若干人民法院跨行政区域管辖行政案件。之所以允许人民法院跨行政区域管辖行政案件主要是为了打破地方壁垒，有效排除行政审判中可能遇到的各种干扰和阻力，确保法院能够依法独立公正地审理行政案件，提高行政审判的公信力和权威性。

2. 特殊地域管辖

特殊地域管辖，是指适用于特殊案件、特殊情况的地域管辖方式。以下两种案件实行特殊地域管辖。

（1）对限制人身自由的行政强制措施不服提起行政诉讼的案件，由被告所在地或者原告所在地人民法院管辖。原告所在地包括原告的户籍所在地、经常居住地和被限制人身自由地。为了充分保护公民的人身自由，行政诉讼法对限制公民人身自由的行政强制措施引发的行政案件做出了既可以由被告所在地法院管辖，又可以由原告所在地法院管辖的便于原告进行诉讼的特殊规定。

从立法目的来看，这一规定也适用限制人身自由的行政处罚行为。针对在行政诉讼中有些行政案件既涉及人身自由又涉及财产的实际情况，最高人民法院在现行规定，行政机关基于同一事实既对人身又对财产实施行政处罚或者采取行政强制措施的，被限制人身自由的公民、被扣押或者没收财产的公民、法人或者其他组织对上述行为均不服的,既可以向被告所在地人民法院提起诉讼,也可以向原告所在地人民法院提起诉讼,受诉人民法院可一并管辖。

（2）因不动产提起的行政诉讼案件,由不动产所在地人民法院管辖。不动产,是指土地、滩涂、草原、山岭、林木、水流、房屋等不能移动或者移动后会影响或丧失其性能和使用价值的财产。

因不动产引起的行政案件主要包括：①因不动产所有权、使用权引起行政争议而起诉的行政案件；②因不动产的征用引起行政争议而起诉的行政案件；③因建筑物的拆迁、翻建、扩建等引起行政争议而起诉的行政案件；④因不动产的污染引起行政争议而起诉的行政案件。这类案件由不动产所在地人民法院管辖,便于对不动产进行调查、勘验、测量,便于相关证据的收集和审查,便于人民法院对案件做出及时、公正的裁判,并为行政裁判的执行提供方便条件。

3. 共同管辖

两个以上人民法院都有管辖权的案件,原告可以选择其中一个人民法院提起诉讼。原告向两个以上有管辖权的人民法院提起诉讼的,由最先立案的人民法院管辖。

（三）行政诉讼的裁定管辖

裁定管辖、是指人民法院以裁定或决定的方式确定行政案件的管辖。裁定管辖是法定管辖的补充。裁定管辖有三种：

1. 指定管辖

指定管辖是指上级人民法院在一定情况下指定某一个下级人民法院管辖某一行政案件。指定管辖一般适用以下两种情况：

（1）有管辖权的人民法院由于特殊原因不能行使管辖权的,如由于自然灾害、意外事故等原因使得有管辖权的人民法院无法行使管辖权时,应由上级人民法院指定其他人民法院管辖。

（2）法院之间对管辖权发生争议,双方协商不成的,应当报它们的共同上级人民法院指定管辖。

2. 移送管辖

移送管辖,是指某一人民法院受理行政案件后,发现不属于自己管辖时,将该案件移送到有管辖权的人民法院管辖。人民法院发现受理的案件不属于本院管辖的,应当移送有管辖权的人民法院,受移送的人民法院应当受理。受移送的人民法院认为受移送的案件,按照规定不属于本院管辖的,应当报请上级人民法院指定管辖,不得再自行移送。

3. 管辖权的转移

管辖权的转移,是指经上级人民法院同意或者决定,下级人民法院将有管辖权的第一审行政案件转移给上级人民法院审判。管辖权的转移与移送管辖不同,它是在上下级人民法院之间将行政案件由有管辖权的人民法院移转给无管辖权的人民法院管辖。因此,管辖权的转移是对级别管辖的一种变通和补充。

(四)行政诉讼的跨区域管辖

行政诉讼跨区域管辖制度是行政审判机关跨区域审理行政机关的一种制度;也可以说是行政诉讼中的司法辖区与行政辖区相分离的一种制度。

1. 跨区域管辖的特征

(1)各地的经济发展水平、交通便利程度以及案件数量等因素的不同,因此各地在试行跨区域管辖模式时各有特色。

(2)行政诉讼跨区管辖制度中,无论是哪种跨区域管辖模式,审理的行政案件都是根据各地高院的规定,而各地高院的实际情况不同,行政案件类型不统一。同时跨区域管辖法院行政案件都是常态性,即行政案件只要属于管辖法院审理,那么就一直归管辖法院审理,而不是出现了某种特殊情况,才由法院审理。

(3)虽然行政诉讼跨区域管辖制度探索了许多模式,也取得骄傲的成绩,但是并未突破现行的行政诉讼管辖制度,而是在原有的行政诉讼管辖制度上进行改变,没有取代原有的管辖模式。行政诉讼跨区域管辖模式只是管辖制度的例外规定而非一般规定,一般规定依旧是"原告就被告"管辖模式。

2. 跨区域管辖制度的功能

(1)有利于审判人员独立、公正地行使审判权。跨区域管辖模式下,行政辖区和司法辖区的相对分离,法院跨区域审理行政案件,可以在很大程度上减少行政机关减少对跨区域管辖法院的不当干预,使得法官更公正地行使审判权。

(2)有利于保障行政相对人合法权益。跨区域管辖模式,极大地减少地方政府对法院的不当干预,让行政诉讼的原告获得更加公正、合理的审判,合法权益得到更全面的保护。

(3)有利于为行政诉讼制度以及司法体制的改革提供坚实的基础。行政诉讼跨区域管辖制度是关于管辖制度的改良和革新,在我国行政诉讼制度中,管辖制度决定着行政案件的管辖范围和管辖法院,是行政诉讼制度能顺利实现其价值的基础性制度。在该制度探索的过程中,管辖制度不断被完善,这使得行政诉讼制度在改革时有着坚实的基础。

3. 跨区域管辖模式

（1）提级管辖。提级管辖主要是为了解决基层法院审理不了基层政府的问题，将原本属于基层人民法院管辖的部分行政案件交由其上一级人民法院管辖，直接提高了这部分案件的审级别，这部分案件主要是县级以上政府作被告的行政案件以及不适合基层人民法院审理的其他案件。

（2）异地交叉管辖。异地交叉管辖主要是指被指定管辖的两地或者数地的基层人民法院或者中级人民法院交叉、轮换管理行政案件。

（3）相对集中管辖。相对集中管辖则是根据具体情况将某市或者某省的行政案件都交由其中一个或者数个基层人民法院、一个或者数个中级人民法院管辖。

（4）铁路运输法院。铁路运输法院跨区域管辖主要是借助铁路运输法院的天然优势，即法院辖区和行政辖区的不重合，将行政案件交由铁路运输法院管辖，地方法院不管辖的模式。通过对跨区域管辖相应模式内涵的了解，也有助于我们更全面地了解该制度。

4. 跨区域管辖制度的完善策略

（1）加快构建智慧法院、加强"院院"交流。尝试建设智慧法院，即立案、送达文书、审判等诉讼活动全部搬到线上，且智慧法院在运行过程中取得了显著的效果。

从智慧法院的具体运行来看，当事人通过智慧法院可以进行在线起诉及缴纳费用；对于现场立案、邮寄立案的，通过智慧法院的高速扫描识别功能在最短时间内形成电子卷宗并形成立案信息。系统根据事前输入的管辖规则对立案信息进行采集和识别，做出管辖判断。

在批准立案后，系统自动发送立案通知书给原告，发送起诉状、应诉材料至行政机关经确认的电子送达地址。行政机关不必提交书面的答辩状及证据，通过智慧法院进行线上答辩和举证，法院的系统收到材料后自动发送至原告经确认的电子送达地址；若无线上送达渠道，则系统自动打印材料并邮寄送达。在庭审阶段，智慧法院在已有的视频传输技术和语音识别技术上，新增实时智能分析功能，及时归纳争议焦点，辅助法官庭审调查发问。

庭后，系统将根据案件类型和已形成案卷材料，归纳案件关键词，从数据库中进行搜索、比对和筛选，自动形成裁判文书，法官在该文书的基础上稍做修改后，上传系统即可结案。系统后台会对上传的裁判文书进行深度学习，以便之后优化裁判文书的制作。虽然建设智慧法院会支出一些费用，但是从长期来看，智慧法院的建设将会减少行政相对人往返的费用和时间，这种便利能够提高行政相对人的诉讼积极性。同样，对于被告行政机关而言其诉讼成本也会明显减少、对于管辖法院而言其司法成本不仅会减少，且能提高司法效率。加快建立智慧法院的步伐，全面普及这种审判方式，以此解决行政诉讼跨区域管辖制度下诉讼成本增加的问题。

此外，当下跨区域管辖法院和非管辖法院还应当紧密配合。当行政相对人需要跨区域诉讼时，行政相对人可以向自己所在地的非管辖法院送交立案材料以及其他案件材料，非管辖法院也可以帮助管辖法院送达法律文书。当管辖法院执行判决遇到问题时，行政机关所在地非管辖法院应该积极配合，有了非管辖法院的配合，管辖法院可能不需要多次前往异地执行，这样就使得人力、物力得到了极大的节约，减少了不必要的诉讼成本。

（2）合理分配省以内审判资源、建立案件分流机制

在行政诉讼跨区域管辖制度的实际发展过程中，案件数量多、审判人员少、审判资源不充分的问题已经很突出。若要解决这个问题，除了在法官招录、员额制配比等方面增加行政案件法官数量之外，还可以充分利用现有审判资源、提高审判效率、减轻审判压力。具体而言，可从以下方面入手。

1）由各省适用跨区域管辖的法院将自己管辖的案件数量、类型、复杂程度以及法院的审判力量汇报至省高院，非跨区域管辖法院也应当将自己的工作任务和审判力量汇报至省高院，省高院对辖区内法院的审判力量进行整体评判，对于审判任务重、审判效率低的管辖法院，省高院可以将非管辖的审判力量抽调过来，并建立编随人走机制。编制待遇问题得以解决后，审判人员才会安心地在跨区域管辖法院工作。而对于审判任务相对较轻的管辖法院，省高院可以建立管辖法院和非管辖法院审判人员借调机制，即非管辖法院将自己的审判人员借给管辖法院，编制依旧在非管辖法院，借调时限、人员、次数由管辖法院和非管辖法院协商。借调期间，审判人员的工资福利由管辖法院和非管辖法院共同协商支付，可以是80%的工资福利由管辖法院支付，剩余的由非管辖法院支付。当然，也可以大部分由非管辖法院支付、少部分由管辖法院支付，若是协商不了，层报共同上级法院决定。在得到了相应的保障后，审判人员会更愿意前往跨区域管辖法院，审判力量也能得到有效的利用。

2）省高院指导跨区域管辖法院建立案件分流机制，对于来法院立案的案件，由立案庭分门别类，复杂的、事实不清楚的案件，走普通程序；而事实清楚、争议不大的案件可以走简易程序，并且对于行政机关所做的行政处罚、没收违法所得款项小且事实清楚的，可以借鉴刑事诉讼程序的速裁程序；同时对于一些可以调解的行政案件，法院可以建立集中调解室，由调解员对案件进行调解，这样极大地节约了法院的审判资源。而且案件分流之后，审判人员的审判压力减少，审判人员的审判积极性会提升。

3）要加强跨区域管辖法院现有行政审判人员对专业知识的学习以及审判实务经验的提升，从而提高法院行政审判人员的专业化能力。尤其是铁路运输法院的审判人员，由于接触行政案件较少，专业知识和实务经验缺乏，因此需要通过专业知识的学习和审判经验

的提升来提高行政审判能力。譬如，法院可以邀请行政法专家给法官授课或者组织法官去高校参加培训，加大法院内部审判业务交流与学习的频次，让行政审判经验丰富的法官一对一帮助行政审判经验欠缺的审判人员等。只有解决了行政审判力量不足、审判专业能力提高等问题，才能更好在法院践行审判中心主义，推动审判体制的改革。

（3）明确管辖法院、案件范围设置的标准。在行政诉讼跨区域管辖改革中，各省高级人民法院在管辖法院的确定、案件范围的确定上并不统一。为了维护法律制度的稳定性和统一性以及实现行政诉讼跨区域制度建立的宗旨，管辖法院和案件范围应当明确。各省高级人民法院在选取管辖法院时要考虑是处于发达地区还是不发达地区、是基层人民法院还是省内所有级别法院、是普通法院还是专门法院，以及法院的审判力量是否充足；在选取案件则要考虑的是案件的类型和复杂程度。

1）明确管辖法院的确定标准。各省高级人民法院在确定管辖法院时，要多方考虑，既要考虑选取法院的自身条件也要考虑外部条件。自身条件便是法院的审判力量、案件结案率、行政机关败诉率、行政相对人满意率以及案件执行率等条件，而外部条件便是法院所在地的交通是否便利、城市的繁荣度、当地的法治意识等条件。因此，对于地理位置优越且案件多、审判力量充足、行政机关败诉率高的法院，可以选取其作为跨区域法院，而对于法治意识薄弱、社会反响差、行政机关败诉率低、交通不便利的法院，则没必要作为跨区域法院。

将行政案件跨区域管辖的决定权给了各地高级人民法院而没有给基层法院和中级法院，同时各地高院只能在自己的辖区内规定跨区域管辖制度。而从实践中的情况看，我国法院是有四级二审，但是大多数行政案件都基本上被级别偏低的基层人民法院和中级人民法院所解决了。因此，跨区域管辖制度在基层人民法院、中级人民法院实行，而高级人民法院不实行跨区域管辖。

2）明确案件范围确定的标准。在明确案件范围时，由于各地模式不一致，为了更大限度发挥各自的优势，可以将所有的行政案件都进行跨区域管辖，同时通过否定式来排除例外。不动产纠纷案件属于专属管辖，若是试行跨区域管辖则完全架空了专属管辖，不是跨区域管辖的应有之义；而知识产权纠纷案件本来就是有专业的法院审判，知识产权纠纷行政案件跨区域更有可能加大审判难度，不利于纠纷的解决。当然，哪些案件类型需要排除，可以由各省高院在最高人民法院指导下进行统一规定。

通过对案件范围的确定，各地高院在实行跨区域管辖过程中就能减少不必要的成本；而行政相对人的合法权益也能得到更为完善的保护，因为案件的管辖范围统一之后，跨区域管辖法院审理的案件会增多，对行政机关的司法监督也能更全面。此外，通过确定案件管辖范围，跨区域管辖制度的成效会最大化，并且也有利于形成统一的跨区域管辖模式。

（4）行政诉讼跨区域管辖制度的未来发展设想。探索一个最适合我国的跨区域管辖模式，最大限度地解决行政诉讼中的难题以及各种跨区域管辖模式中所出现的问题，这是我们需要深入思考的。

我国可以在条件成熟的情况下尝试设立行政法院，理由如下：

1）我国行政诉讼跨区域管辖制度的最终目标是化解问题、保障公民的合法权益。而无论是提级管辖、异地交叉管辖还是集中管辖、铁路运输法院跨区域管辖都没有彻底解决行政诉讼的顽症，而行政法院的设立可以突破行政诉讼所面临的瓶颈，有助于构建法治国家和法治政府、法治社会。

2）参考优秀经验。我国与德法等国同属大陆法系国家，这能在我国探索设立行政法院的过程中提供有益的参考经验。设立行政法院有着作为母法的宪法支撑，排除了违法的嫌疑。

当我国尝试设立行政法院时，可以借鉴相关模式。目前行政法院的模式主要有三种：①直接向全国人民代表大会负责的独立于最高法院的行政法院；②如同早期法国，隶属于国务院的行政法院系统；③如同德国模式一般，隶属于最高人民法院的专门行政法院系统。而基于我国的国情，第三种模式可以值得我国去借鉴。

为了更好地落实行政法院，保证行政司法审判不受地方干扰，还须从以下方面入手：

第一，在组织结构上，行政法院的最低级别应该与地方法院的中级人民法院一个级别。各地的经济发展状况、交通便利程度等因素会影响案件数量，经济发达地区的案件数量可能是欠发达地区的数倍，而初级行政法院是审理行政案件的主力军，因此可数个行政区只设一个行政法院也可一个行政区设数个行政法院。

第二，在经费来源上，经费可以说是法院的运营基础，法院的各种设备、审判人员的薪资、法院的建设等都需要相应的经费。因此法院经费由中央财政和自身所收的诉讼费组成，这样便能保证法院经费的独立性，从而保证司法审判工作的独立性。

第三，在法官独立性保障上，法官是作为司法审判的执行者，其遭受的压力不仅仅来自外部的压力，也来自内部的压力，很多时候，法院能抗住压力，但是作为个体的法官不一定能抗住压力。这就会造成法官无法有效地独立行使审判权，这也是部分行政案件不公正的重要因素之一，因此可以给予法官相应的经济保障和职务保障，从而保证法官更为独立、公正地审判案件，保证司法审判的公正性。

第三节 行政诉讼的参加人与证据

一、行政诉讼的参加人

行政诉讼参加人，是指因起诉、应诉或者与被诉具体行政行为有利害关系而参加行政诉讼活动的人。行政诉讼参加人包括当事人和具有当事人诉讼地位的诉讼代理人。当事人包括原告、被告、共同诉讼人、第三人。诉讼代理人包括法定代理人、委托代理人、指定代理人。参加行政诉讼活动的证人、鉴定人、翻译人员等，一般被称为行政诉讼参与人。

（一）行政诉讼的原告

行政诉讼原告是指认为行政行为侵犯其合法权益，依照行政诉讼法的规定向法院提起行政诉讼的公民、法人或者其他组织。

1. 行政诉讼原告的确定

在司法实践中，提起行政诉讼的公民、法人或者其他组织的情况比较复杂，为了正确地确定行政诉讼的原告，需要注意的内容如下：

（1）农村土地承包人等土地使用权人对行政机关处分其使用的农村集体所有土地的行为不服，可以自己的名义提起诉讼。

（2）合伙企业向人民法院提起诉讼的，应当以核准登记的字号为原告，由执行合伙企业事务的合伙人作诉讼代表人；其他合伙组织提起诉讼的，合伙人为共同原告。

（3）联营企业、中外合资或者合作企业的联营、合资、合作各方，认为联营、合资、合作企业权益或者自己一方合法权益受具体行政行为侵害的，均可以自己的名义提起诉讼。

（4）股份制企业的股东大会、股东代表大会、董事会等认为行政机关做出的具体行政行为侵犯企业经营自主权的，可以企业名义提起诉讼。

（5）不具备法人资格的其他组织向人民法院提起诉讼的，由该组织的主要负责人作诉讼代表人；没有主要负责人的，可以由推选的负责人作诉讼代表人。

（6）非国有企业被行政机关注销、撤销、合并、强令兼并、出售、分立或者改变企业隶属关系的，该企业或者其法定代表人可以提起诉讼。

2. 行政诉讼原告的变更

行政诉讼原告的变更，也称为行政诉讼原告资格的转移。行政诉讼法规定了两种行政诉讼原告发生变更的情形。

（1）有权提起诉讼的公民死亡，其近亲属可以提起诉讼。在这种情况下，已死亡的公民不能列为原告，其近亲属以原告的身份提起行政诉讼。根据最高人民法院司法解释的规定，近亲属包括配偶、父母、子女、兄弟姐妹、祖父母、外祖父母、孙子女、外孙子女和其他具有抚养、赡养关系的亲属。

（2）有权提起诉讼的法人或者其他组织终止，承受其权利的法人或者其他组织可以提起诉讼。

（二）行政诉讼的被告

行政诉讼被告是指因实施行政行为与公民、法人或者其他组织发生行政争议而被起诉，并由人民法院通知应诉的行政机关或法律、法规、规章授权组织。

行政诉讼的被告符合特点的包括：第一，必须是依法享有行政职权的行政机关或者法律、法规、规章授权组织；第二，必须是做出被诉行政行为的行政机关或者法律、法规、规章授权组织；第三，必须是被原告起诉并被人民法院通知应诉的行政机关或者法律、法规、规章授权组织。

作为行政主体的行政机关和法律、法规、规章授权组织因行政职权不同，做出行政行为的内容和方式也复杂多样。区别不同情况，正确确定行政诉讼的被告：

（1）公民、法人或者其他组织直接向人民法院提起诉讼的，做出行政行为的行政机关是被告。

（2）经复议的案件，复议机关决定维持原行政行为的，做出原行政行为的行政机关和复议机关是共同被告；复议机关改变原行政行为的，复议机关是被告。

（3）复议机关在法定期限内未做出复议决定，公民、法人或者其他组织起诉原行政行为的，做出原行政行为的行政机关是被告；起诉复议机关不作为的，复议机关是被告。

（4）两个以上行政机关做出同一行政行为的，共同做出行政行为的行政机关是共同被告。

（5）行政机关委托的组织所做的行政行为，委托的行政机关是被告。

（6）行政机关被撤销或者职权变更的，继续行使其职权的行政机关是被告。

（7）由法律、法规、规章授权的组织所做的行政行为，该组织是被告。

（8）当事人不服经上级行政机关批准的行政行为，向人民法院提起诉讼的，应当以在对外发生法律效力的文书上署名的机关为被告。

（9）行政机关的内设机构或者派出机构在没有法律、法规或者规章授权的情况下，以自己的名义做出行政行为，当事人不服提起诉讼的，应当以组建该机构的行政机关为被告。

（10）法律、法规或者规章授权行使行政职权的行政机关内设机构、派出机构或者其他组织，超出法定授权范围实施行政行为，当事人不服提起诉讼的，应当以实施该行为的机构或者组织为被告。

（11）行政机关在没有法律、法规或者规章规定的情况下，授权其内设机构、派出机构或者其他组织行使行政职权的，应当视为委托。当事人不服提起诉讼的，应当以该行政机关为被告。

总之，确定行政诉讼的被告应遵循两个基本规则：第一，被告必须是被诉行政行为的实施者，即谁行为，谁被告；第二，被告必须具有行政主体资格，即谁主体，谁被告。

（三）共同诉讼与诉讼人

共同诉讼是指在行政诉讼中，当事人一方或者双方为二人以上，因同一行政行为发生的行政案件，或者因同类行政行为发生的行政案件、人民法院认为可以合并审理并经当事人同意的。

共同诉讼是诉讼主体的合并，是不同的诉讼主体就同一行政行为或同样的行政行为提起行政诉讼，由人民法院合并审理。它与诉讼客体的合并是不同的。诉讼客体合并，是指一个原告向一个被告提出多个独立的诉讼请求，由人民法院合并审理。行政诉讼法规定共同诉讼制度，既可以提高行政审判效率，又可以避免人民法院对同样的问题做出不同的裁判。

共同诉讼人是指在共同诉讼中人数在两个以上的一方或者双方当事人。两个以上当事人对同一行政行为不服，向人民法院提起诉讼的，是共同原告。两个以上行政机关因做出同一行政行为被提起行政诉讼的，是共同被告。这种当事人为共同诉讼人。因共同诉讼分为必要的共同诉讼和普通的共同诉讼，共同诉讼人也随之分为必要的共同诉讼人和普通的共同诉讼人。

1. 普通的共同诉讼人

普通的共同诉讼，是指对于当事人一方或者双方为两人以上，因同样的具体行政行为发生的行政案件，法院认为可以合并审理的诉讼。这种共同诉讼的当事人即为普通的共同诉讼人。

普通的共同诉讼是由两个以上同样性质的具体行政行为引起的，如位于同一法院辖区内几个公民都因行政机关不予颁发驾驶执照的行为不服而提起行政诉讼，人民法院就可以将其作为共同诉讼处理。因此，普通的共同诉讼实际上是人民法院将几个审理上具有可分性、诉讼标的既有独立性又有同类性的行政案件合并审理。普通的共同诉讼人只有在这种情况下才能产生，如果人民法院将上述案件分开审理，就不是共同诉讼，而是各自独立的案件，当然也就不存在普通的共同诉讼人。

2. 必要的共同诉讼人

必要的共同诉讼是指对于当事人一方或者双方为两人以上，因同一具体行政行为发生的行政案件，法院必须合并审理的诉讼。这种共同诉讼的当事人即为必要的共同诉讼人。必要的共同诉讼是由行政主体的一个具体行政行为引起的，是一个诉讼标的，只不过诉讼当事人可能是共同原告或者是共同被告而已。因此，必要的共同诉讼具有诉讼标的的同一性和审理上的不可分割性的特点。

在司法实践中，必要的共同诉讼人主要产生的两种情况：①同一具体行政行为涉及两个以上利害关系人，两个以上利害关系人均提起行政诉讼而成为共同原告的。例如，两人以上共同实施违法行为，被行政机关在同一处罚决定中给予处罚，被处罚人均提起诉讼。②两个以上行政机关因共同做出的同一具体行政行为被提起行政诉讼而成为共同被告的。

（四）行政诉讼的第三人

行政诉讼第三人，是指行政诉讼原被告以外的与被诉行政行为有利害关系，或者同案件处理结果有利害关系，依申请或由人民法院通知参加诉讼的公民、法人或者其他组织。

1. 第三人具有的特点

行政诉讼第三人具有的特点：①第三人与被诉的行政行为有利害关系，人民法院的判决会对其权利义务产生影响；②第三人在法律上具有独立的诉讼地位，在行政诉讼中有权提出与本案有关的诉讼主张而不依附于原告或被告，有权对法院的一审判决提出上诉；③第三人是以主动提出申请或者由法院通知的程序和方式在诉讼开始后和法院判决前参加行政诉讼活动的。

2. 第三人的类型

在司法实践中，行政诉讼第三人主要类型：

（1）在行政处罚案件中的被处罚人或者受害人。在行政处罚案件中，被处罚人和受害人都有权利对行政处罚行为提起行政诉讼，如果被处罚人不服处罚决定提起诉讼，受害人因与处罚行为有利害关系，可以作为第三人参加诉讼；如果受害人对处罚不服提起诉讼，被处罚人也可以作为第三人参加诉讼。

（2）在行政机关的同一具体行政行为涉及两个以上利害关系人的案件中未起诉的利害关系人。行政机关的同一具体行政行为涉及两个以上利害关系人，其中一部分利害关系人对具体行政行为不服提起诉讼，人民法院应当通知没有起诉的其他利害关系人作为第三人参加诉讼。

（3）在两个行政机关就同一事实做出相互矛盾的具体行政行为的案件中未被起诉的行政机关。

（4）在土地、房屋等确权案件中的被确权人或者其他主张权利的人，如房屋管理部门对房屋产权所做的确权决定被起诉，被确权人或未起诉的其他主张权利的人都可以作为第三人参加诉讼。

（5）在行政许可案件中的被许可人或者许可争议人。当行政机关的行政许可行为被提起行政诉讼时，被许可人和其他未起诉的许可争议人都可以作为第三人参加诉讼。

（6）在行政机关对平等主体之间的赔偿或补偿问题做出裁决的案件中未起诉的一方当事人。在上述行政裁决案件中，一方当事人不服裁决向法院提起行政诉讼，未起诉的一方可以作为第三人参加诉讼。

3. 第三人制度的优化策略

（1）第三人制度价值。第三人制度是尊重利害关系人权利的制度，是增强裁判确定性和稳定的制度，是减少诉讼周折实现诉讼最佳效益的制度。行政诉讼第三人制度的价值如下：

①节约诉讼资源，维护诉讼效益价值。随着人们的法律意识增强，更多的人在遇到自身合法利益被侵害的情况时会选择以诉讼的方式解决。人民法院的案件量逐年递增，而我国的审判人员数量在庞大的案件数量面前显得尤其少，司法资源紧张又特别珍贵，所以在实践中，应尽力节约诉讼资源。第三人参诉有助于查清案件事实，避免因证据不足或案件事实不清而导致审判的复杂化。可以节约审判时间，不浪费司法资源。

第三人制度将第三人纳入本诉之中，人民法院可以对存在相同或类似的法律关系所产生的问题进行统一的审理，便可以有效的解决上述问题，还能彰显法院诉讼制度中的"一事不二审"原则的内涵。因此，行政诉讼第三人制度的建立和完善体现诉讼法的效益价值。

②提高司法公信力，维护诉讼秩序价值。想要妥善解决问题，尽力做到公平公正，使多方主体利益平衡，则需要顾及每一个人，具体细致的解决每个人的问题，保护任何一个主体的合法权益。解决纠纷的手段和途径有很多种可以选择，但诉讼应该是最为严肃周密的一种，诉讼维护着社会的秩序，这体现着法的最基本价值，只有秩序稳定，规则完善，法的价值才会更好地被体现。

第三人制度的存在更好、更有效地维护诉讼法的秩序。因为可以将案件涉及的当事人纳入同一诉讼之中，进行统一审理，提高了公信力。

③监督法院公正审判,维护诉讼公正价值。第三人制度将第三人纳入庭审中,并赋予其相关权利,使其可以顺利参与到庭审之中,第三人在庭审中行使自己的合法权利。参加诉讼的第三人在通常情况下会有两类诉讼请求:与原告的诉讼请求相同,在这种情况下,第三人支持原告,与原告一样主张行政行为违法,此时,第三人将同原告一起为证明行政行为违法而努力,因此,在原告的基础上,有了第三人的帮助,可以为法庭提供更充足的证据,加强了对行政主体的监督力度,促进了人民法院的公正审理;与原告诉讼请求对立,原告以行政行为违法为理由提起诉讼,而与原告相对立的第三人则主张行政行为合法,此时的第三人与被告主张一致,将会有助于被告,第三人应与被告一起为诉讼目的而共同努力。第三人制度给予了第三人在诉讼之中的独立地位,面对此种情形,第三人可以自己举证,不需要完全依赖于被告,为法庭提供更多案件事实依据,以此得到公平合理的裁判结果。

第三人参诉并行使权利来达成自己的诉讼主张和目的,在此过程中,第三人加强了对行政主体依法行政的监督力度,还推动了人民法院对案件的公正审理。第三人在保护自身合法权益的基础上,也是对公共利益的一种维护,促进行政公益的实现。因此,第三人制度全面地体现了公正裁判理念,维护了诉讼公正价值。

(2)第三人制度的完善策略。第三人是参加人中重要的一部分,其需要参加诉讼活动来保障自己的权益,而有关行政诉讼的相关内容均受现行规定规范,因此,第三人的诉讼行为及诉讼权利需要以现行规定为依据,受其规范与保护。完善行政诉讼第三人制度,以便更好地适用于实践之中,保障第三人合法权益。

①细化行政诉讼第三人参诉规范。

第一,细化参诉程序。我国现规定对第三人参诉的方式只进行了概括性规定,但对于参加的程序并没有细节性的规定。人民法院在受理案件之后发现案件存在第三人时,应当以裁定的方式通知其参加诉讼,虽然对于第三人参诉,人民法院都以裁定方式通知,但是此裁定对两类第三人有不一样的效力。必要参加诉讼第三人未参诉,可能被发回重审,必须参诉。普通参加诉讼第三人法院不会直接对其权益进行裁定,如果其不参加诉讼,只会对其自身的权益造成影响,导致其利益的减损,所以第三人应拥有自主选择权利,只需依职权通知其参加即可。人民法院在通知普遍参加诉讼第三人参诉的裁定书中,应标明其不参诉而导致的后果,但如果其拒绝参诉的话,应当向人民法院做出明确回复。

申请第三人参诉的主体不应只限定于第三人本身,原告起诉时应列明第三人,被告在明知有第三人存在时,可以申请第三人参诉,即当事人均可向人民法院申请第三人参诉。不同当事人的申请参诉方式应有差别,原告应在起诉书中列明其认为需要参诉的第三人,被告可在答辩状中写明案件涉及的第三人,第三人应当向人民法院递交书面参诉申请,参诉申请中应包含：第三人与案件之间的关系、诉讼请求、证据清单以及自己的参诉陈述等一些基本内容，方便人民法院审查申请。参诉申请被驳回，可以提出异议，有权补充说明后申请法院重新裁定，如果再次被拒绝，则同一申请人不得再次提出申请。

②明确行政诉讼第三人权利。第三人进行分类后会发现，不同类型第三人利害关系不同，诉讼独立地位不同。为保证诉讼效益，使诉讼有序合理进行的同时能够保障各方当事人合法权益，应赋予不同类型第三人适合的诉讼权利内容和范围。

必要参加诉讼第三人其与诉讼有直接利害关系，在这一类型中，包括了原本拥有原告资格的当事人和本应列为被告的当事人，他们与案件之间的关系，不会因参诉身份变化而改变。其在诉讼中的行为会直接影响诉讼，法院要对其权益一起做出裁判，因此为保障其合法权益、保障诉讼顺利进行，原告型必要参加诉讼第三人与被告型必要参加诉讼第三人拥有相对应的原告和被告类似的独立地位。其在诉讼中的行为不受特别限制，拥有完全的诉讼权利义务，可以对管辖提出异议，还有举证的权利，等等。同时应拥有完全的上诉权不必以承担义务或减损权益为前提，全面的在各个阶段的程序之中保障必要参加诉讼第三人的合法权益。

对于人民法院裁判的效力当然性的及于此类第三人，因非自身原因导致的中途参诉其可以要求已经完成的诉讼程序重新进行，但是在二审审理程序中发现遗漏必要参加诉讼第三人时，如果没有其他理由，人民法院可以向第三人征询意见，是否可以直接参加二审程序进行陈述与申辩，如果其同意并且其他当事人不反对则二审法院可以继续审理，已经结束的可以申请再审。

相对于必要参加诉讼第三人普遍参加诉讼第三人并不拥有完全独立的诉讼地位，其诉讼行为要受到格外的限制，只能在本诉中原告与被告提出的诉讼请求范围内提出与自己相关的诉讼请求，也不能对管辖提出异议，其可以对自己提出的诉讼请求进行举证，参与法庭调查与辩论，在裁判结果对其权益有减损或承担义务时才能上诉，如果此类第三人是在诉讼中途参加的诉讼则已经进行的诉讼程序不可重新进行，但这期间内有对其不利的诉讼行为，不可对其产生法律效力。

此外，我国行政诉讼第三人应完善其撤诉权利，在本诉中如果原告想要撤诉，应当听取必要参加诉讼第三人的意见。第三人也应被赋予撤诉的权利，但是第三人撤销了诉讼请求，并不会对其他当事人产生利益减损，因此，只需人民法院对其撤诉申请进行裁定即可。第三人的撤诉行为不影响本诉的正常审理程序，只是结束了因其诉讼请求而产生的程序。

③完善行政诉讼第三人举证责任。想要完善第三人的举证责任，就要对第三人进行细致的划分，全面的考量，根据诉讼的不同程序以及第三人的不同类型进行针对性的规定。

第三人参诉时需要承担相应的举证责任，主动参诉的第三人应向人民法院提供证据，用以证明自己与被诉行政行为间的利害关系，并且为了达到参诉目的，要提供可以支撑自己诉讼请求的相关证据。人民法院通知参诉的，可以直接参诉，不需要再额外提供证据证明自己的身份，但仍然应该提供证据来证明自己的诉讼请求的正确性，或者提供证据来减少法律责任及义务。在诉讼中普遍参加诉讼第三人如果认为法院对其类型划分错误，应当向人民法院提供其为必要参加诉讼第三人的证据。

行政机关在诉讼中举证能力强于一般主体，且其拥有类似于被告的诉讼地位，所以应当承担举证责任，证明自己的主张。原告型必要参加诉讼第三人虽不会承担过多的举证责任，但其在诉讼中一般会较为积极，也会积极地进行举证来支撑自己的诉讼请求，其诉讼地位类似于原告其承担的举证责任也类似于原告，应当向人民法院提交其所拥有的可以证明其诉讼请求的相关证据。

未提出诉讼请求的第三人在其他当事人均举证不能的情况下，应提供其所拥有的可以辅助人民法院查清案件事实的证据，但是因为这种情况下的普遍参加诉讼第三人与案件利害关系较小，且未提出诉讼请求，因此在其未提供证据时不应承担未举证的责任。

法律制度的完善需要慢慢地进步发展，而在实践中，行政诉讼是越来越复杂了，有时就会遇到一些特殊情况，现有的立法不能进行预测并全面规定，此时就需要法官行使其自由裁量权，根据每个案件的特点与情况，运用自己的经验与知识做出适宜的裁量，并且使用实践中的真实案件推动我国行政诉讼第三人制度的完善。

（五）行政诉讼代理人

行政诉讼代理人是指以被代理人的名义，在法律规定或者行政诉讼当事人委托授权的范围内，进行行政诉讼活动的人。诉讼代理人具有的特点包括：诉讼代理人依法律规定或被代理人委托，以被代理人名义参加诉讼活动；诉讼代理人参加诉讼的目的是维护被代理人的合法权益，由此决定只能代理一方当事人，不能同时代理双方当事人；诉讼代理人在其代理权限范围内所为的诉讼行为的法律后果由被代理人承担。

行政诉讼代理人的类型如下：

（1）法定代理人。法定代理人，即根据法律规定取得行政诉讼代理权，代理无行为能力或者限制行为能力的公民进行行政诉讼的人。法定代理人包括被代理人的父母、养父母、配偶、成年子女、监护人和负有保护责任的机关、团体代表。法律确认法定代理人的诉讼行为视为当事人的诉讼行为，与当事人的诉讼行为具有同等的法律效力。

（2）指定代理人。指定代理人是经人民法院指定代理无行政诉讼行为能力的公民进行行政诉讼的人。法院指定诉讼代理人一般发生在两种情况：①当事人没有诉讼行为能力，又没有法定代理人的，由人民法院指定代理人；②法定代理人之间互相推诿代理责任的，由人民法院指定其中一人代为诉讼。人民法院指定代理人的范围不受限制，可以从律师、当事人的近亲属或其他适当的公民中指定。指定代理人和法定代理人的诉讼地位是一样的。

（3）委托代理人。委托代理人，即受当事人、法定代理人的委托，以委托人的名义，在委托权限内代为进行行政诉讼的人。委托代理是在委托人和受委托人双方意思表示一致的基础上产生的，代理权限一般由委托人决定。委托代理必须有授权委托书。

另外，律师、基层法律服务工作者；当事人的近亲属或者工作人员；当事人所在社区、单位以及有关社会团体推荐的公民，也都可以被委托为诉讼代理人。

委托代理人在授权范围内所进行的诉讼行为，视为被代理人的诉讼行为，对被代理人发生法律效力。委托代理人的代理权限如果发生变更或者解除，当事人应当书面通知法院，并由法院通知对方当事人。

二、行政诉讼的证据

行政诉讼证据是指在行政诉讼中用来证明案件真实的一切事实。行政诉讼的证据包括：书证；物证；视听资料；电子数据；证人证言；当事人的陈述；鉴定意见；勘验笔录、现场笔录。以上证据经法庭审查属实，才能作为认定案件事实的根据。

行政诉讼证据具有的独特特点如下：

第一，证明对象具有特殊性。刑事诉讼证据所要证明的是犯罪嫌疑人、被告人是否实施犯罪行为或犯罪事实情况。民事诉讼证据所要证明的是双方当事人在民事法律关系中所主张的事实。行政诉讼证据所要证明的则是具体行政行为是否合法。

第二，证据来源具有特殊性。行政诉讼证据主要来源于行政程序案卷，主要由作为被告的行政机关提供给人民法院。这是因为具体行政行为是行政机关根据"先取证，后裁判"的规则做出的，收入证据的行政程序案卷当然要提交法院审查。

第三，证据种类具有特殊性。行政诉讼证据的种类宽泛，其中现场笔录是其他诉讼证据中所没有的法定证据；具体行政行为所依据的各种规范性文件虽然不是法定证据，但同样对具体行政行为的合法与否起着证明作用。

（一）行政诉讼的举证责任

举证责任是指对于有待证明的事实向人民法院提出证据加以证明的责任。在行政诉讼中，举证责任是由法律预先规定，承担该责任的当事人必须提供证据证明特定的案件事实，否则承担败诉风险及不利后果的证据制度。举证责任是行政诉讼证据制度的核心内容。这一制度的确立，把举证的程序性行为与法院对案件的实体裁判后果有机地联系在一起，使当事人能够以慎重的态度参加诉讼，积极主动地向法院提供证明自己主张的证据；使人民法院能够集中精力运用当事人提供的证据，及时地审理行政案件，正确地适用法律，充分发挥其在行政诉讼中的主导作用。

举证责任应该在当事人之间合理分配。从行政诉讼的实际出发，对举证责任如何分配做出了明确规定。

1. 原告承担的举证责任

在行政诉讼中，原则上由被告承担举证责任，但是在一定情况下，行政诉讼的原告也要承担举证责任。原告对下列事项承担举证责任：

（1）原告可以提供证明行政行为违法的证据。原告提供的证据不成立的，不免除被告的举证责任。

（2）在起诉被告不履行法定职责的案件中，原告应当提供其向被告提出申请的证据，但有下列情形之一的除外：被告应当依职权主动履行法定职责的；原告因正当理由不能提供证据的。

（3）在行政赔偿、补偿的案件中，原告应当对行政行为造成的损害提供证据。因被告的原因导致原告无法举证的，由被告承担举证责任。

2. 被告承担的举证责任

被告对做出的行政行为负有举证责任，应当提供做出该行政行为的证据和所依据的规范性文件。被告不提供或者无正当理由逾期提供证据，视为没有相应证据。这一规定包含着三层含义：①行政行为是否合法应由被告承担举证责任。行政机关或者法律、法规、规章授权组织应当举出证据证明自己做出的行政行为具有合法性。②被告既要对做出的行政行为的事实依据举证，又要对做出行政行为的法律依据举证。行政行为的做出应遵循"先取证，后裁判"的原则，因此禁止被告在诉讼过程中自行向原告和证人收集证据，而要求其向人民法院提供行政行为做出前获取的事实证据和做出该行为所依据的规范性文件。③如果被告不能在举证期限内提供做出行政行为的事实证据和法律依据来证明其行为的合法性，将承担败诉的法律后果。此外，被告认为原告起诉超过法定期限的，也要承担举证责任。

行政诉讼由被告对被诉行政行为承担举证责任有利于保护原告的诉讼权利，有利于充分发挥行政主体的举证优势，有利于促进行政主体依法行政。

（二）行政诉讼证据的调取与保全

1. 证据的调取

行政诉讼证据的调取，是指人民法院在行政诉讼中依照职权调查、获取行政诉讼证据的活动。人民法院有权要求当事人提供或者补充证据。人民法院有权向有关行政机关以及其他组织、公民调取证据。但是，不得为证明行政行为的合法性调取被告做出行政行为时未收集的证据。

人民法院调取证据分为两种情况：

（1）依职权调取证据。例如，涉及国家利益、公共利益或者其他合法权益的事实认定的事项，涉及依职权追加当事人、中止诉讼、终结诉讼、回避等程序性事项的情形下，人民法院可依照法定职权调取相关证据。

（2）依申请调取证据。与案件有关的证据，原告或者第三人不能自行收集的，可以申请人民法院调取：①由国家机关保存而须由人民法院调取的证据；②涉及国家秘密、商业秘密和个人隐私的证据；③确因客观原因不能自行收集的其他证据。

2. 证据的保全

行政诉讼证据的保全，是指人民法院在行政诉讼证据可能灭失或者以后难以取得的情况下，根据诉讼参加人的申请或者依职权采取查封、扣押、拍照、录音、录像、复制、鉴定、勘验、制作询问笔录等措施使证据的证明价值得以保存的制度。

行政诉讼证据的保全，是人民法院收集和固定证据的有效手段，也是当事人提供证据的补救方法。它对于保护当事人的合法权益，保证行政诉讼活动公正、顺利地进行具有重要的意义。

（三）行政诉讼证据的审查与认定

1. 证据的审查

行政诉讼证据的审查是指人民法院对经过庭审质证的证据和不需要质证的证据进行检查核对的活动。人民法院对行政诉讼证据的审查分为两种：

（1）审查证据的合法性，包括证据是否符合法定形式，证据的取得是否符合法律、法规、司法解释和规章的要求，是否有影响证据效力的其他违法情形。

（2）审查证据的真实性，包括：证据形成的原因；发现证据时的客观环境；证据是否为原件、原物，复制件、复制品与原件、原物是否相符；提供证据的人或者证人与当事人是否有利害关系；影响证据真实性的其他因素。

2. 证据的认定

行政诉讼证据的认定，是指人民法院在审查证据的基础上经全面、客观和公正地分析判断，确定证据材料与案件事实之间的证明关系，排除不具有关联性的证据材料，认可和肯定定案证据的活动。人民法院对行政诉讼证据的认定主要应遵循非法证据排除规则、案卷外证据排除规则、最佳证据规则、推定规则、补强证据规则等。人民法院对行政诉讼证据的认定，做出以下具体的规定：

（1）不能作为定案依据的证据材料包括：严重违反法定程序收集的证据材料；以偷拍、偷录、窃听等手段获取侵害他人合法权益的证据材料；以利诱、欺诈、胁迫、暴力等不正当手段获取的证据材料；当事人无正当事由超出举证期限提供的证据材料；在当事人无正当理由拒不提供原件、原物，又无其他证据印证，且对方当事人不予认可的证据的复制件或者复制品；被当事人或者他人进行技术处理而无法辨明真伪的证据材料；不能正确表达意志的证人提供的证言；不具备合法性和真实性的其他证据材料。

（2）以违反法律禁止性规定或者侵犯他人合法权益的方法取得的证据，不能作为认定案件事实的依据。被告在行政程序中依照法定程序要求原告提供证据，原告依法应当提供而拒不提供，在诉讼程序中提供的证据，人民法院一般不予采纳。

（3）证据不能作为认定被诉具体行政行为合法的依据：被告及其诉讼代理人在做出具体行政行为后或者在诉讼程序中自行收集的证据；被告在行政程序中非法剥夺公民、法人或者其他组织依法享有的陈述、申辩或者听证权利所采用的证据；原告或者第三人在诉讼程序中提供的、被告在行政程序中未作为具体行政行为依据的证据。

（4）对被告在行政程序中采纳的鉴定结论，原告或者第三人提出证据证明有下列情形之一的，人民法院不予采纳：鉴定人不具备鉴定资格；鉴定程序严重违法；鉴定结论错误、不明确或者内容不完整。

（5）证明同一事实的数个证据，其证明效力一般可以按照下列情形分别认定：国家机关以及其他职能部门依职权制作的公文文书优于其他书证；鉴定意见、现场笔录、勘验笔录、档案材料以及经过公证或者登记的书证优于其他书证、视听资料和证人证言；原件、原物优于复制件、复制品；法定鉴定部门的鉴定意见优于其他鉴定部门的鉴定意见；法庭主持勘验所制作的勘验笔录优于其他部门主持勘验所制作的勘验笔录；原始证据优于传来证据；其他证人证言优于与当事人有亲属关系或者其他密切关系的证人提供的对该当事人有利的证言；出庭作证的证人证言优于未出庭作证的证人证言；数个种类不同、内容一致的证据优于一个孤立的证据。

（6）事实法庭可以直接认定：众所周知的事实；自然规律及定理；按照法律规定推

定的事实；已经依法证明的事实；根据日常生活经验法则推定的事实。

（7）证据不能单独作为定案依据：未成年人所作的与其年龄和智力状况不相适应的证言；与一方当事人有亲属关系或者其他密切关系的证人所作的对该当事人有利的证言，或者与一方当事人有不利关系的证人所作的对该当事人不利的证言；应当出庭作证而无正当理由不出庭作证的证人证言；难以识别是否经过修改的视听资料；无法与原件、原物核对的复制件或复制品；经一方当事人或者他人改动，对方当事人不予认可的证据材料；其他不能单独作为定案依据的证明材料。

（四）行政诉讼的非法证据排除策略

行政诉讼非法证据是行政诉讼主体提交到法院的那些用来证明其行政行为的合法性的证据，由于取得方式或者有关案件事实的证据材料中存在明显的违法成分而不能作为定案依据的证据材料。行政诉讼非法证据包括：严重违反法定程序收集的证据材料；以违反法律强制性规定的手段获取且侵害他人合法权益的证据材料；以利诱、欺诈、胁迫、暴力等手段获取的证据材料。

1. 非法证据排除意义

（1）有利于限制公权力。限制行政机关在行使行政职权时对证据的收集，获取证据材料行为来防止公权力对私权利的侵犯，从而保护个人权利。对公权力的限制在证据取得的方式上就是要限制行政机关在证据收集和调查上的行为，排除通过非法手段收集的证据效力。同时可以监督行政机关依法行使职权，通过排除以非法手段取得的证据，可以防止鼓励违法行为，使行政机关工作人员自觉行使权力。

（2）有利于维护程序正义。我们追求实体公正与程序公正的统一，通过排除非法手段取得的证据，从而维护程序正义。追求程序公正，会排除不合法手段或者不合法程序收集的证据材料。

（3）有利于保护个人的权利。为了保护公民个人的权利，比如自由、财产、生命权利等不被侵害，法律对这些权利都进行了一些规定。人权就是指人普遍享有的权利，对人权的保护体现了国家对全体公民合法权益的保障，同时也体现了对处于劣势地位的人员的保护。非法证据排除规则可以防止公权力的滥用造成对个人权利的侵犯，可以起到制约的作用。行政诉讼的最终价值是追求对公民、法人，或者其他组织的合法权益的保护。排除非法证据是对行政相对人权力的救济，对于被侵害的权力的救济最好的是恢复到没有被侵犯的状态，通过排除可以达到这一目的。

（4）有利于维护司法和法治尊严。在行政诉讼中确立非法证据排除，正式将行政诉讼非法证据排除规则上升为法律，在一定程度上能够减少行政机关对司法机关的干预，进而确保司法独立性的确立，维护法院独立审判的公正形象，进而加强对行政行为司法审查的有效性，进一步推进法治国家、法治政府、法治社会的一体化建设。

行政诉讼把非法证据排除规则纳入法律，把行政主体采用非法手段取得的证据排除在外，减少了行政机关滥用公权力的情况。法治就是依照宪法和法律去管理国家和社会事务，它不仅指服从已经被制定的法律，隐含的意思也包括这些法律应当是良法。综合来看，它维护了司法和法治的尊严。

（5）有利于依法行政。确定非法证据排除规则有利于遏制行政机关采用非法手段取得相关证据的行为，同时也是对行政机关的执法是一种监督、对行政相对人合法权益的保护有积极作用，当行政机关对采用非法手段取得的证据提交法院时，法官会根据相关的法律及自由裁量权对此类证据进行排除，有助于文明执法，非法证据排除规则体现了合法行政这一原则。因此，为了落实合法行政原则，促使行政机关依法行政，也必须严格执行非法证据排除规则。

2.非法证据排除完善对策

（1）完善行政诉讼非法证据排除的立法规定。

①制定统一行政程序法典。行政程序法典化的前提是要有行政程序法，制定行政程序法，将非法证据排除规则等一些证据制度规定在内。

②完善我国的行政案例指导制度。采用具体分类的方式单独发布有关非法证据排除规则的指导案例，从而使其具体化，具有实践的可操作性，法院在审判时才能有参考依据，限制法官的自由裁量。

③设置例外规定。例外性规则是指本应适用非法证据排除，但因存在特殊情况不适用排除性规定，为了提高行政效率，保障国家利益和公共利益并降低行政执法成本，需要对一些特殊情形设置例外规定，对例外规则的规定应具体确定下来，并随着新情况的出现逐渐加以完善。

④设置庭前审查的程序性规定。在我国对于案情复杂，证据数量较多的案件在庭前证据交换的过程中应当提出证据排除的申请，应在法官助理的主持下进行，这种由法官助理主持的提出非法证据排除的申请可以做到与法官主持的庭审分工配合，也可以避免庭前申请带来的法官预判，对于排除真实性的证据可以在庭前审查中直接做出处理，对于以非法手段取得的证据提出排除申请的，不可以直接做出处理，对于有正当理由庭前未申请证据排除的案件，可以在庭审中提出申请，未对证据进行排除的可以作为当事人上诉和申请再审的理由。

（2）明确行政诉讼非法证据排除的内容。

①明确行政诉讼非法证据排除的主体资格。我国提出行政诉讼非法证据排除的主体资

格包括行政相对人和行政相关人，法官不能被认为具有行政诉讼非法证据排除的主体资格。

②确立行政诉讼非法证据排除的时间。对于案情比较复杂的，法院组织庭前交换证据的这种情况，应当在证据交换阶段提出非法证据排除的申请，对于证据数量少、案情不复杂、法院没有组织庭前交换证据的情况，可以在庭审中提出。

③明确非法证据排除的模式。

第一，原则排除加例外模式。原则排除加例外模式，原则上排除所有的非法手段获取的证据。

第二，区别对待。将非法取得的言辞证据一律加以排除，无论是否真实，而对于实物证据经查证属实后可以采信，认为物证的证据能力不会因取得手段问题而丧失效力。

第三，审查采信。对于非法取得的证据只要查证属实，能够证明案件事实即可采信，此种模式不划分非法手段和合法手段，一方面肯定了证据的客观性，另一方面不利于维护当事人的合法权益。

第四，衡量采证。衡量采证模式认为非法证据应该在不利作用和有效价值之间进行衡量。结合我国的司法传统和价值理念来看，我国更适合采用的是衡量采证的模式，衡量采证模式受职权主义诉讼模式的影响较大，在案件查证和审理的时候法官发挥较大作用，诉讼双方须听从法庭指挥，主动性较强，非法证据排除模式与多种因素有关。

我国在本质上属于职权主义诉讼模式，加之我国更加追求实体正义，以查证案件事实为重要目标，这与我国注重对国家利益与社会利益的保障有关。因此，我国更适合采用衡量采证的模式，但不应完全照搬，应设置一些例外情形，在衡量采证的情况下设置一些例外情况，一方面是对自由裁量的一种限制；另一方面对非法证据排除发挥最大效用。

④合理分配举证责任。行政诉讼非法证据排除的举证责任应有其特点，行政机关和行政相对人无论是在信息获取上还是证明能力上抑或是双方地位上都存在着不对等，行政相对人和相关人很难提供证据证明。基于双方的这种地位差距，非法证据排除的举证责任应由行政机关来承担，但是原告也应提出一些线索材料来予以说明，可以提出时间、地点、经过等方面，对于行政机关侵犯公民的合法权益的情形，可以提行政诉讼，可以提行政复议，也可以先提行政复议不服后提行政诉讼。

当事人在案件做出判决后，将没有被确认为非法的证据和案件一同提起上诉，这种方式相比较对于非法证据的认定不服立即提出复议或者上诉的情形来说，更具有可采性，非法证据排除规则中对当事人的救济程序，可以在集中救济的原则下，赋予当事人一次即时的复议申请权。

第四节 行政诉讼的裁判、执行与赔偿

一、行政诉讼的裁判

(一) 一审裁判形式

1. 驳回诉讼请求判决

当行政行为证据确凿，适用法律、法规正确，符合法定程序的，或者原告申请被告履行法定职责或者给付义务理由不成立的，人民法院判决驳回原告的诉讼请求。

驳回判决，符合行政审判的实际需要，有利于行政诉讼功能的发挥，是学界多年研究和现实实践的成果结晶，具有较高的科学性。

驳回判决是对原告诉讼请求的判断与回应，进一步讲，就是对原告诉讼请求的否定，尽管对行政行为有不同程度的间接肯定，但不是对被诉行政行为的直接判断。当然，驳回了原告的诉讼请求并不意味着被告的行政行为就一定正确，比如，因法律法规的变更或废止，被诉行政行为虽然合法，但行政机关也要自行纠正；再如，行政行为合法但不合理的情形，法院虽然不会采纳原告的诉讼请求，但行政机关也要适时对不合理的部分进行修正，而不能想当然地认为行政行为是合法就一味坚持。

驳回判决请求不同于驳回起诉。"驳回诉讼请求"是法院依照实体法的规定，在案件审理中认为原告的实体请求无正当理由或法律依据而对当事人实体请求权的一种否定。而"驳回起诉"是法院在案件审理过程中发现原告不符合法定的起诉条件而对其起诉行为予以拒绝，它所要解决的是具有程序性质的原告诉权问题。而且，驳回诉讼请求是一种判决形式，而驳回起诉是一种裁定形式。

2. 撤销及重做判决

撤销及重做判决是指法院经审查认为被诉行政行为全部或部分违法，并可责令被告重新做出行政行为的一种判决方式。撤销及重做判决是对行政行为的全部或部分效力的否定，一般针对具有可撤销内容的作为的行政行为，不适用于没有撤销内容或不作为的行政行为。

3. 履行判决

履行判决是指人民法院对被告不履行法定职责的做出责令其在一定期限内履行的判决。人民法院经过审理，查明被告不履行法定职责的，判决被告在一定期限内履行。

适用履行判决必须具备以下条件：被告对行政相对人负有履行法定职责的义务；行政相对人向负有法定职责的行政机关提出了合法的申请；被告具有不履行法定职责的客观事实。

4. 给付判决

被告对原告负有给付义务的，法院应判决被告履行给付义务。这个条款的规定具有较大的现实意义。

行政给付是行政机关赋予某些特殊群体或个人以一定物质权益或与物质有关的权益，可使相对人获得一定数额的金钱或实物，或为相对人提供与财物有关的其他利益等，所适用的对象是特定的公民或组织，如丧失劳动能力、无生活来源，难以进行正常生活的公民。

给付判决的增加，解决了现实中给付现象存在而行政诉讼法中缺乏相应依据的困境，也符合审判活动的现实需要。给付判决的确立有利于相对人顺利启动执行程序获得国家补偿权，有利于节约诉讼成本，使行政诉讼的司法保障功能得以实现。

5. 确认违法判决

在行政行为所具有的违法情形方面，确认违法判决与撤销判决、履行判决具有相似性，甚至事由都是相同的，但因具备某种特定情况，法院对该行政行为不判决撤销或不判决履行，改用违法判决的方式来对被诉行政行为进行判断和评价。

确认违法判决的情形除了包括撤销判决、履行判决所具有的情形外，还有其他情形需要用确认违法判决的形式，例如，"行政行为程序轻微违法，但对原告权利不产生实际影响"等。

6. 确认无效判决

行政行为有实施主体不具有行政主体资格或者没有依据等重大且明显违法情形，原告申请确认行政行为无效的，人民法院判决确认无效。确认无效判决与撤销判决有相似之处，通过判决，都可以使该行为自始无效。确认无效判决，针对的行为是自始就无效的，不存在的。

无效判决的条件有两个：

（1）行政行为有重大且明显违法情形。重大且明显违法的具体情形：

1）实施主体不具有行政主体资格。这是对行为主体资格所做的要求，即实施主体必须具有行政主体资格。行政主体是指享有国家行政权，能以自己的名义行使行政权，并能独立地承担因此产生的相应法律责任的组织。没有法律、法规或规章明确授权的，任何组织和个人都无权对外行使职权，当然不能成为行政主体，其实施的任何行为自然是无效的。这里的不具有行政主体资格是指完全没有资格的情形，不包括超越职权、滥用职权等情形。

2）行政行为没有依据。行政主体的各项活动都必须有明确的法律依据，因此即使实施主体是行政主体，但其在实施行政行为时该行政行为本身缺乏法律依据，该行政行为即是无效的，法院可做无效判决。

无效的行政行为还包括：可能给人民生命财产造成重大的无法挽回损失的行为，限制公民寻求救济的行为，对其实施将可能导致犯罪的行为，客观上不具有实施可能的行为，受行政相对人胁迫或欺骗做出的行为，实施主体不明或明显超越职权的行为。当然，对无效的情形，需要以法律法规的形式进行明确，而不能依靠理论上的解释。

（2）原告有确认无效的申请。确认无效判决，必须以原告的申请为前提。与履行判决、撤销判决、确认违法判决不同的是，确认无效判决的申请不受行政诉讼时效期限的限制，对于无效行政行为，行政相对人可以在任何时候请求包括法院在内的有权国家机关宣布该行为无效。

实际上，对于无效行政行为，行政相对人可以不受该行为拘束，可以不履行该行为所确定的任何义务，并且不履行该行为所确定的义务也不会引起任何法律责任。但之所以要提起确认无效判决的申请，往往与损害赔偿有关。行政行为被宣布无效后，行政相对人因无效行政行为而受到的一切损害均应予以恢复。

7. 采取补救措施或赔偿补偿判决

采取补救措施或赔偿补偿判决，适用于以下情形：

（1）行政行为被法院判决违法或无效时。人民法院判决确认违法或者无效的，可以同时判决责令被告采取补救措施；给原告造成损失的，依法判决被告承担赔偿责任。

（2）针对行政协议履行、变更和解除的情形。政府特许经营协议、土地房屋征收补偿协议等协议，行政机关必须认真履行，如果被告有不依法履行、未按照约定履行或者违法变更、解除等情形的，法院可判决被告继续履行、采取补救措施或者赔偿损失等。

8. 变更判决

变更判决是指人民法院对于被告做出的明显不合理的行政行为，运用国家审判权直接予以改变的判决。其前提条件是，该行政行为已经存在，只是在合理性方面存在问题。由于"变更"本身既可能减轻也可能加重，为此，法院在做出对相关款额变更时不得加重原告的义务或者减少原告的利益，从立法上明确变更不加重原则，这是值得肯定的。这是对原告合法利益的保护，因为此条款的创设目的是保护原告合法利益的，如果因为变更而导致原告利益受损，将违背立法的初衷。同时，变更不加重原则也打消了相对人提起行政诉讼的顾虑，推动他们拿起法律的武器维护自身的合法权益。

（二）二审裁判形式

1. 驳回上诉、维持原裁判

一审裁判认定事实清楚，适用法律、法规正确，而提起上诉理由不当的，应当依法驳回上诉，维持原裁判。这是对原审人民法院裁判的正确性和合法性的肯定，是对上诉人所提的上诉理由的否定。这里，认定事实清楚，主要是指案件的证据足够、有说服力、没有相互矛盾，足以支持对事实的认定。适用法律、法规正确，是指一审法院在法律规范的适用上，符合现行规定，符合法律适用规则和冲突解决规则的要求；裁判文书符合最高院对法律法规等引用的规范性要求。

2. 依法改判

依法改判是二审法院直接改变原审法院对争议的行政行为合法性的判定，既意味着上级法院对下级法院裁判的全部否定，而且意味着对争议的行政行为合法性的重新判定。改判着重于对一审裁判结论的改正。对改判的适用的情形包括：①判决、裁定认定事实错误或者适用法律、法规错误的；②原判决认定基本事实不清、证据不足的。只要符合上述情形之一的，都可以改判。对于后一种情形中的"基本事实"主要是指当事人的主体资格、行政法律关系的性质、法律责任等问题。改判意味着对事实重新进行认定，使之正确；用正确的法律、法规替代错误的法律法规的适用；对事实不清、证据不足的，要在查清事实的基础上进行改判。值得注意的是，该条第3款规定，法院在审理上诉案件时，如果需改变原审判决的，应同时对被诉具体行政行为做出判决。通过对被诉行政行为合法性的重新认定，使其合法性获得肯定。

3. 撤销的裁判

撤销的裁判是指二审法院撤销一审的裁定、判决，使其所做的判断归于无效的一种裁决形式。适用的情况是：①原判决、裁定认定事实错误或者适用法律、法规错误的；②原判决遗漏当事人或者违法缺席判决等严重违反法定程序的。对于前一种情况，适合裁定与判决，一般是针对一审裁判结论虽然正确，但事实认定或法律法规适用其中之一是有错误的，或事实认定和法律法规适用都有错误的情形；而后一种情况只适合对一审判决，使用裁定的方式予以撤销，一般是针对一审的法定程序违法且可能影响案件公正判决的情形。

4. 变更的裁判

变更裁判主要适用于"原判决、裁定认定事实错误或者适用法律、法规错误"的情形。值得注意的是，这些情形也同样可以使用改判或撤销的裁判形式。对同样的情形，到底何时适用改判，何时适用撤销，何时适用变更的裁判，法院有裁判权，法院将根据案件的具体情况做出判断。"变更"往往是针对结论正确而某些事实认定或某些法律法规引用上的错误，或裁判书中存在文字错误等。当然，这需要做进一步解释，以指引实践中的适用。

5. 发回重审的裁判

发回重审裁判的适用的情况包括：原判决认定基本事实不清、证据不足的；原判决遗漏当事人或者违法缺席判决等严重违反法定程序的。对于后一种情形，遗漏的当事人主要是指原告、被告或第三人；违法缺席判决是指违反了新行政诉讼法对缺席判决适用的情形，即"被告无正当理由拒不到庭，或者未经法庭许可中途退庭的"情形。此外，还包括违反回避的要求、违反公开审理的规定等其他严重违反法定程序的情形。

对发回重审次数的限制，可以有效防止诉讼周期过长、当事人陷入反复诉讼的诉累现象；同时，也表明该案件不适合一审再次审理或一审无能力再次审理，由二审做出裁判更为合适。

（三）裁定的其他运用与决定

1. 再审程序的裁判形式

再审程序的裁判通常分为以下情形：

（1）人民法院经过再审审理，认为原审判决认定事实清楚，适用法律、法规正确的，应当裁定撤销原中止执行的裁定，继续执行原判决。

（2）对原审法院受理、不予受理或者驳回起诉错误的处理。第一审人民法院做出实体判决后，第二审人民法院认为不应当受理的，在撤销第一审人民法院判决的同时，可以发回重审，也可以径行驳回起诉；第二审人民法院维持第一审人民法院不予受理裁定错误的，再审法院应当撤销第一审、第二审人民法院裁定，指令第一审人民法院受理；第二审人民法院维持第一审人民法院驳回起诉裁定错误的，再审法院应当撤销第一审、第二审人民法院裁定，指令第一审人民法院审理。

（3）人民法院审理再审案件，发现生效裁判有下列情形之一的，应当裁定发回做出生效判决、裁定的人民法院重新审理：①审理本案的审判人员、书记员应当回避而未回避的；②依法应当开庭审理而未经开庭即做出判决的；③未经合法传唤当事人而缺席判决的；④遗漏必须参加诉讼的当事人的；⑤对与本案有关的诉讼请求未予裁判的；⑥其他违反法定程序可能影响案件正确裁判的。

（4）人民法院审理再审案件，认为原生效判决、裁定确有错误，在撤销原生效判决或者裁定的同时，可以对生效判决、裁定的内容做出相应裁判，也可以裁定撤销生效判决或者裁定，发回做出原生效判决、裁定的人民法院重新审判。

2. 行政诉讼其他裁定的运用

（1）不予立案的裁定。人民法院在接到起诉状时对符合本法规定的起诉条件的，应当登记立案。对当场不能判定是否符合本法规定的起诉条件的，应当接收起诉状，出具注明收到日期的书面凭证，并在七日内决定是否立案。不符合起诉条件的，做出不予立案的裁定。裁定书应当载明不予立案的理由。原告对裁定不服的，可以提起上诉。

（2）停止行政行为执行的裁定。诉讼期间，不停止行政行为的执行。但有下列情形之一的，裁定停止执行：①被告认为需要停止执行的；②原告或者利害关系人申请停止执行，人民法院认为该行政行为的执行会造成难以弥补的损失，并且停止执行不损害国家利益、社会公共利益的；③人民法院认为该行政行为的执行会给国家利益、社会公共利益造成重大损害的；④法律、法规规定停止执行的。当事人对停止执行或者不停止执行的裁定不服的，可以申请复议一次。

（3）先予执行的裁定。人民法院对起诉行政机关没有依法支付抚恤金、最低生活保障金和工伤、医疗社会保险金的案件，权利义务关系明确、不先予执行将严重影响原告生活的，可以根据原告的申请，裁定先予执行。

（4）中止行政诉讼的裁定。在涉及行政许可、登记、征收、征用和行政机关对民事争议所做的裁决的行政诉讼中，当事人申请一并解决相关民事争议的，人民法院可以一并审理。在行政诉讼中，人民法院认为行政案件的审理须以民事诉讼的裁判为依据的，可以裁定中止行政诉讼。

（5）原告撤诉的裁定。人民法院对行政案件宣告判决或者裁定前，原告申请撤诉的，或者被告改变其所做的行政行为，原告同意并申请撤诉的，是否准许，由人民法院裁定。

（6）简易程序转为普通程序的裁定。人民法院在审理过程中，发现案件不宜适用简易程序的，裁定转为普通程序。

此外，司法实践中还有：管辖异议、终结诉讼、移送或指定管辖、财产保全、补正裁判文书中的笔误、中止或者终结执行、提审或者指令再审。

3. 行政诉讼决定的运用

（1）管辖权移转的决定。上级人民法院有权审理下级人民法院管辖的第一审行政案件。下级人民法院对其管辖的第一审行政案件，认为需要由上级人民法院审理或者指定管辖的，可以报请上级人民法院决定。

（2）起诉期限延长的决定。公民、法人或者其他组织因不可抗力或者其他不属于自身的原因耽误起诉期限的，被耽误的时间不计算在起诉期限内。公民、法人或者其他组织因前款规定以外的其他特殊情况耽误起诉期限的，在障碍消除后十日内，可以申请延长期限，是否准许由人民法院决定。

（3）回避的决定。当事人认为审判人员、书记员、翻译人员、鉴定人、勘验人与本案有利害关系或者有其他关系可能影响公正审判，有权申请其回避。院长担任审判长时的回避，由审判委员会决定；审判人员的回避，由院长决定；其他人员的回避，由审判长决定。人民法院以口头或者书面方式做出是否回避的决定，申请人对决定不服，可以申请人民法院复议一次，但不停止执行。

（4）法院启动再审的决定。各级人民法院院长对本院已经发生法律效力的判决、裁定，发现调解违反自愿原则或者调解书内容违法，认为需要再审的，应当提交审判委员会讨论决定。

此外，还有其他事项做出决定：有关采取强制措施的决定；确定第三人的决定；指定法定代理人的决定；对重大、疑难行政案件的处理决定；许可律师以外的当事人和其他诉讼代理人查阅庭审材料的决定；强制执行生效判决和裁定的决定；确定诉讼费用承担的决定；确定不公开审理决定等。

二、行政诉讼的执行

（一）行政诉讼执行的特点

行政诉讼执行是指法定有权机关对人民法院已经生效的行政判决、裁定或者调解书的执行。"行政诉讼执行是解决行政争议不可或缺的重要环节，任何司法裁定或判决没有得到有效的执行，都将严重损害司法的权威和公信力。"[1]

我国行政诉讼执行制度具有如下特点：

（1）行政诉讼执行依据是发生法律效力的人民法院的判决、裁定或者调解书。这有两层意思：①人民法院除判决、裁定或调解书以外的有法律效力的决定，不是行政诉讼执行的依据；②人民法院的判决、裁定或调解书，只有在发生法律效力以后才能成为行政诉讼执行依据。

（2）行政诉讼执行主体不仅包括人民法院，还包括具有行政强制执行权的相关行政机关。这一点与对未经行政诉讼却具有强制执行力的具体行政行为的执行相同。公民、法人或者其他组织拒绝履行判决、裁定、调解书的，行政机关或者第三人可以向第一审人民法院申请强制执行，或者由行政机关依法强制执行。

（3）行政诉讼执行对象不仅包括公民、法人和其他组织，还包括行政机关。既然行

---

[1] 曾哲，赵钟根．论行政诉讼执行程序［J］．东方法学，2012（04）：17．

政诉讼执行是对人民法院行政判决、裁定或调解书的执行，自然就存在判定行政机关败诉或承担责任的情形。这样的行政法律文书生效后，行政机关在规定的期限内不履行判决义务，法院执行机构应对其采取相应强制执行措施，以促使行政机关履行判决义务。

（4）行政诉讼执行的目的是实现已经生效的行政判决、裁定、调解书所确定的义务。从根本上讲，行政诉讼执行本身就不具有对义务进行重新调整或者重新确定的功能，只不过是实现义务人本来应该自动履行的义务之方法。由此，行政诉讼执行只能以实现已经生效的行政判决、裁定、调解书所确定的义务为限度，绝不能也不允许超出这个限度。

（二）行政诉讼执行的文书范围

执行文书，是权利人依照法律规定据以申请执行的凭证，也是执行机关采取执行措施的根据。法院可以就行政赔偿、行政机关依法给予补偿以及行政机关行使法律、法规规定的自由裁量权的案件进行调解，因此，这里的调解书应当包括该调解范围内的法律文书。

调解书还应当包括行政附带民事的调解书。调解书是行政诉讼当事人解决行政争议所达成的合意，生效的调解书具有以下法律效力：确定当事人间的法律关系的效力；结束诉讼的效力；具有强制执行的效力。一般而言，行政诉讼调解书当事人都会自觉履行，不发生强制执行的问题，但实践中也有少数当事人不履行调解书的现象。将调解书纳入执行的范围，可以使得调解书内容的执行得到法律保障，维护当事人的合法权益，有利于社会法律秩序的稳定。

（三）行政机关不履行法律文书的执行

行政机关拒绝履行判决、裁定、调解书的，人民法院可以采取的执行措施，这也是新法的最大亮点之一。

由于行政诉讼执行涉及多元主体和复杂的社会关系，使得行政案件执行难问题尤为严重，行政机关不执行法院判决是行政诉讼中较为突出的问题，尤其是对作为被告的行政机关败诉案件的执行更是如此。新法加大了执行力度，除了原有的措施外，还表现为：

（1）将行政机关不履行的情况予以公告。公告是一种公开，是向更为广泛的社会进行公开。在当今网络发达的背景下，可以在社会舆论的压力下促使其履行法院的裁判。

（2）对行政机关的负责人罚款。这里的罚款是一种执行罚。实际上，法院生效的判决、裁定、调解书之所以没能按期履行，主要责任在于行政机关的负责人，而作为静态行政组织的行政机关是没有主观认识的，是不存在所谓过错的。对行政机关负责人的罚款，可谓抓住了执行难的牛鼻子，对解决执行难问题无疑将会起到极大的推动作用。

（3）对拒不履行的行政机关直接负责的主管人员和其他直接责任人员予以拘留。这一措施非常具有威慑力。这里的拘留，其性质是司法拘留。此外，由于行政机关领导的不断更替，还可能遇到是前任领导的过错而由后任领导承担责任的不公平现象。

三、行政诉讼的赔偿

（一）行政诉讼的赔偿的含义

行政诉讼的赔偿是指行政机关及其工作人员行使职权侵犯公民、法人或者其他组织合法权益，且导致损害时，受害人或其权利继受人依法利用诉讼渠道请求填补损害的一系列诉讼活动的总和。行政诉讼的赔偿可以从以下方面加以把握：

（1）原告是公民、法人和其他组织。受害的公民、法人和其他组织有权要求赔偿。原告是否具有请求赔偿的资格，取决于其合法权益是否受到侵害，只要权利受害，即可提起，不管是相对人还是第三人。

（2）被告是行政机关和法律、法规授权组织。法律、法规授权的组织在行使授予的行政权力时侵犯公民、法人和其他组织的合法权益造成损害的，被授权的组织为赔偿义务机关。关于被告资格的规定，行政诉讼法与国家赔偿法不尽一致。规章授权组织行使规章授予的行政权力致害时，以谁为被告，值得注意。

（3）行政诉讼的赔偿是因行政权行使造成损害而引发。行政主体行使行政职权侵犯公民、法人或者其他组织的合法权益，造成损害时，受害人因此产生损害赔偿请求权。

（4）行政诉讼的赔偿是一系列诉讼活动的总和。行政主体行使行政职权过程中导致相对人损害，受害人有赔偿请求权。行政赔偿请求权人可以向行政主体主张其权利，要求赔偿；可以申请行政复议，实现请求权，获得赔偿；也可以起诉，通过司法实现赔偿请求权。行政诉讼的赔偿，是行政赔偿请求权利用诉讼方法获取赔偿的一系列诉讼程序，它不包括行政复议和向赔偿义务机关直接主张赔偿请求权等方式。

（二）行政诉讼的赔偿的特质

1. 行政诉讼的赔偿是通过诉讼填补损害的程序

行政主体行使职权导致公民、法人或者其他组织受损害时，受害人寻求损害赔偿的诉讼程序即为行政诉讼的赔偿。一般行政诉讼的目的在于纠正违法的行政行为，防止权力侵犯权利；行政诉讼的赔偿之目的在于损害的填补，与民事诉讼领域的侵权赔偿诉讼相似。所以在二元司法体制下，行政诉讼的赔偿初期利用的是民事诉讼程序，通过民事实体法保护损害赔偿权利。

2. 行政诉讼的赔偿是第二次救济程序

行政主体行使行政职权侵犯公民、法人或者其他组织合法权益，被侵犯权人提起诉讼时，有可能存在两种情况：①仅侵犯权益，损害后果也尚未发生，如行政处罚决定做出之后，未履行或执行之前；②既侵犯了权益，损害后果也已经发生，如行政处罚决定被履行或者执行之后。一般行政诉讼程序的目的，在于消除行政行为所产生的效力，防止权利造成损害。行政诉讼的赔偿程序则是补充一般行政诉讼中对原告损害救济之不足，或者填补一般行政诉讼程序留下的后续损害，让原告得到完整的权利救济之可能。也就是说，一般行政诉讼程序发生在行政诉讼的赔偿之前，一般行政诉讼是第一次救济程序，行政赔偿是第二次救济程序。

赔偿请求人对赔偿的方式、项目、数额有异议的，或者赔偿义务机关做出不予赔偿决定的，赔偿请求人可以自赔偿义务机关做出赔偿或者不予赔偿决定之日起三个月内，向人民法院提起诉讼。

上述规定确定了行政诉讼的赔偿发生在一般行政诉讼之后，行政赔偿产生在行政机关行使职权行为的法律效力或者状态确定之后。只有当行政主体行使职权行为的法律状态或者法律效力的救济完成，才有行政赔偿救济的开始。

3. 行政诉讼的赔偿是一种特殊的诉讼程序

行政诉讼的赔偿是第二次权利救济，其旨在填补行政权力行使导致的损害。行政诉讼的赔偿是关于损害填补的特别诉讼程序。

由于行政诉讼的赔偿的特殊性，即使在二元司法体制下，行政诉讼与民事诉讼救济渠道的二元分离，行政诉讼的赔偿到底采用行政诉讼还是民事诉讼，也不尽相同。

（三）行政诉讼的赔偿与相关制度

1. 行政诉讼的赔偿与刑事赔偿程序

我国国家赔偿制度大体可分为行政赔偿和司法赔偿两部分，其中司法赔偿以刑事赔偿为主。国家赔偿法以行政赔偿和刑事赔偿作为两章标题单列，分设不同制度，其主要差别有。

（1）适用对象不同。行政赔偿针对行政主体行使职权致害而设；刑事赔偿则适用于刑事侦查、审查起诉和审判等刑事诉讼中各机关致害而确立。

（2）审理组织不同。行政诉讼的赔偿是一种特殊的诉讼程序，由法院行政庭具体行使审判权；刑事赔偿程序是一种特殊的赔偿程序，其赔偿申请，向法院设置的赔偿委员会提出，审理组织为赔偿委员会。

（3）程序不同。行政诉讼的赔偿虽为特殊诉讼程序，但仍遵循诉讼的基本原理，一般需为言辞辩论，经二审而终；刑事赔偿程序虽由法院执掌，但非诉讼程序，一般经书面审理即可。人民法院赔偿委员会处理赔偿请求，采取书面审查的办法。必要时，可以向有关单位和人员调查情况、收集证据。赔偿请求人与赔偿义务机关对损害事实及因果关系有争议的，赔偿委员会可以听取赔偿请求人和赔偿义务机关的陈述和申辩，并可以进行质证。

2. 行政诉讼的赔偿与行政补偿诉讼

公民、法人或者其他组织因行政主体行使职权导致损害的救济程序有两种，即行政诉讼的赔偿和行政补偿诉讼。在我国行政诉讼的赔偿与行政补偿诉讼都属于行政诉讼程序，且两种诉讼程序的判决都涉及金钱给付内容，两者不仅有一般诉讼的共同之处，也共有一些特别的行政诉讼制度，如调解程序和变更判决的适用。但两种诉讼程序也有差别。

（1）适用范围不同。行政诉讼的赔偿适用于违法行使行政职权导致的损害填补，行政补偿诉讼则应用在因合法行政职权行使而给公民、法人或者其他组织造成的损害。

（2）程序属性有差别。行政诉讼的赔偿是第二次权利救济程序，行政补偿诉讼则是第一次权利救济程序。行政补偿诉讼是一般诉讼程序，其诉讼标的是补偿行为的合法性，关涉行政职权行使是否合法。行政诉讼的赔偿程序的诉讼标的是赔偿请求权，旨在实现赔偿请求权的内容，因此行政诉讼的赔偿一般不涉及行政职权行使是否合法的审理，或者说，行政职权行使是否合法的审查发生在行政赔偿诉讼之前。行政诉讼的赔偿是行政职权行使合法审查之后的行政诉讼程序。

（3）启动程序的时限要求不同。赔偿请求人请求国家赔偿的时效为两年，自其知道或者应当知道国家机关及其工作人员行使职权时的行为侵犯其人身权、财产权之日起计算，但被羁押等限制人身自由期间不计算在内。在申请行政复议或者提起行政诉讼时一并提出赔偿请求的，适用行政复议法、行政诉讼法有关时效的规定。

（4）诉讼费用缴纳不同。行政诉讼的赔偿不需要缴纳诉讼费用。行政补偿诉讼需要按照行政诉讼收费的规定，缴纳诉讼费用。

3. 行政诉讼的赔偿与民事诉讼

（1）诉讼主体不同。行政诉讼的赔偿中，被告为赔偿义务机关。赔偿义务机关应当自收到支付赔偿金申请之日起七日内，依照预算管理权限向有关的财政部门提出支付申请。财政部门应当自收到支付申请之日起十五日内支付赔偿金。

赔偿义务机关非真正意义上的赔偿义务主体，它代表赔偿义务主体行使赔偿之职。民事诉讼中，一般被告即为判决书确定义务的主体，极少数情况下，有法律的特别规定，被告才可能非判决书确定的义务主体。如破产清算小组。

（2）调解适用的不同。诉讼中调解是指在诉讼过程中，在法院之下，双方当事人自愿就争议的实体法上权利义务关系达成一致的意思表示。民事诉讼中，当事人对所争执的财产性质的民事实体权利义务有处分权，调解制度普遍适用，一般不得限制。行政诉讼的赔偿中，赔偿金由国家财政负担，赔偿义务机关代为赔偿，国家财政资金的适用牵涉国家利益和公共利益，赔偿义务机关的处分权限应受到一定限制，调解在行政诉讼的赔偿的适用，也应该有所限制。

（3）诉讼费用缴纳不同。如上文所述，行政诉讼的赔偿不需要缴纳诉讼费用，民事诉讼则应按规定缴纳诉讼费用。

4.行政诉讼的赔偿与行政诉讼

在我国行政赔偿通过行政诉讼实现，一般视行政诉讼的赔偿为特别行政诉讼程序。行政诉讼的赔偿与行政诉讼的区别如下：

（1）目的不同。行政诉讼的赔偿的目的在于填补违法行政权力行使导致的损害，受害人可以通过诉讼实现损害的填补。行政诉讼的目的则主要侧重于行政权力行使的合法性审查，以确保行政行为以合法的方式保障公民、法人或者其他组织的权利。

（2）顺序不同。行政诉讼是第一次救济，行政诉讼的赔偿是第二次救济，第一次救济优先于第二次救济。行政诉讼的赔偿一定发生在行政诉讼之后。一并提起赔偿请求的行政诉讼程序中，法院的审查顺序是先审查行政权行使是否合法，然后按照行政权力行使的法律状态做出裁断，再审理是否赔偿，如何赔偿等内容。换句话说，合法性审查，以及对不合法的行为的状态处理之后，才会有赔偿，才有行政诉讼的赔偿。

（3）审理对象不同。行政诉讼的赔偿的审理集中于是否应该赔偿以及如何赔偿，不涉及行政权力行使行为的效力。行政诉讼的审理集中在行政权行使的合法性问题上，其必然最终触及行政权行使行为的效力，且必须对其效力做出裁断。

（4）举证责任不同。在行政赔偿、补偿的案件中，原告应当对行政行为造成的损害提供证据。因被告的原因导致原告无法举证的，由被告承担举证责任。据此规定，行政诉讼的赔偿中，行政行为造成损害的证据由原告提供，原告承担行政行为造成损害的举证责任，仅当被告的缘故导致原告无法举证时，发生提供证据责任转换。依此规定，行政诉讼中，被告对行政行为负有提供证据之责，由被告承担举证责任。

（四）行政诉讼的赔偿的适用范围

1.概括式规定

国家机关和国家机关工作人员行使职权，有本法规定的侵犯公民、法人和其他组织合法权益的情形，造成损害的，受害人有依照本法取得国家赔偿的权利。依据此概括式规定，行政主体行使行政职权行为,造成损害时,受害人有权要求国家赔偿。

2. 列举式规定

(1)肯定列举。

1)侵犯人身权的行为。

第一,侵犯人身自由权的行为。侵犯人身自由权的行为,可以提起行政诉讼的赔偿的情形包括:①行政拘留。行政拘留是公安机关依法对违反行政管理秩序的公民采取限制其人身自由的惩罚措施;②限制人身自由的行政强制措施。依据行政强制法的规定,行政强制措施既可以针对财产,也可以施加于人身。我国法律规定的限制人身自由的强制措施包括强制治疗和强制戒毒、强制传唤等强制措施;③非法拘禁或者以其他方法非法剥夺公民人身自由。这是指行政拘留和行政强制措施以外的其他非法剥夺人身自由的行为。

侵犯人身权的行为的表现有两种情形:①无权限。指没有限制公民人身自由权的行政机关实施的剥夺公民人身自由的行为;②超过法定期限或者条件关押。指有权限制人身自由权的行政机关,在法律规定的拘留或限制人身自由的期限和条件之外,剥夺公民人身自由。

第二,侵犯生命健康权的行为。侵害公民生命健康权的行为,可以提起行政诉讼的赔偿的情形包括:

殴打、虐待等行为或者唆使、放纵他人殴打、虐待等行为。这是严重侵犯公民人身权的违法行为。行政机关采取暴力的形式多种多样,不论行政机关及其工作人员是否有履行职责的权限,也不论行政机关及其工作人员主观上出于什么样的目的,采取暴力行为造成公民身体伤害或死亡的,受害人都有请求赔偿的权利。

违法使用武器、警械。武器、警械指枪支、警棍、警绳、手铐等。有权使用武器、警械的行政机关工作人员主要有人民警察、武警部队人员等。武器、警械的使用必须具备一定的条件。根据有关规定,人民警察在执行逮捕、拘留、押解人犯和值勤、巡逻、处理治安事件等公务时,可以使用武器或警械,但必须符合使用武器和警械的条件。使用武器、警械的时间、种类以及如何使用,必须与被管理对象的行为程度相适应。使用武器、警械需要经过一定的批准程序时,则必须履行批准程序。

其他造成公民身体伤害或者死亡的违法行为。这是国家赔偿法的概括式规定。除国家赔偿法第3条列举规定的情况外,行政机关及其工作人员实施的,造成公民生命健康权损害的行为。

(2)侵犯财产权的行为。

国家赔偿法规定的财产权限于公民、法人或者其他组织的财产权,具体来说包括物权、债权、知识产权、经营权和物质帮助权。行政机关及其工作人员在行使行政职权时有下列侵犯财产权情形之一的，受害人有取得赔偿的权利：

1）侵犯财产权的行政处罚。侵犯公民、法人或者其他组织财产权的行政处罚包括：罚款、没收、吊销许可证和执照、责令停产停业、侵犯财产权的其他行政处罚。侵犯财产权的其他行政处罚是指国家赔偿法没有明确列举的处罚形式，如暂扣许可证或者执照、法律和行政法规在行政处罚法规定的处罚形式之外创设的其他行政处罚形式。

2）侵犯财产权的行政强制措施。限制财产权的强制措施主要是查封、扣押、冻结、保全、拍卖。违法的财产强制措施主要表现为：

第一，超越职权。指行政机关不享有查封、扣押、冻结的行政职权，而实施查封、扣押、冻结等措施。

第二，违反法定程序。指行政机关不按照法律规定的手续采取强制措施。

第三，不按照法律规定妥善保管被扣押的财产。对扣押财产行政机关应妥善保管，或委托有关单位或个人保管。对易腐坏易变质不宜长期存放的物品，应变卖而保存价款。疏于妥善保管而造成财产的变质、灭失的，应当承担赔偿责任。

第四，对象错误。这是指行政机关对案外人的财产采取了强制措施，如行政机关查封、扣押的财产，不是违法人的财产或虽是违法人的财产但不是用于违法活动的财产，即构成强制措施对象的错误。

第五，不遵守法定期限。有的法律、法规规定了查封、扣押、冻结的期限，行政机关超越法定期限采取强制措施，造成财产损失、损坏的，国家应负赔偿责任。

第六，违法征收、征用财产的。征收是指行政机关依据公共利益的需要，在给予公平补偿的情况下，向公民、法人或其他组织征收财物的行为。除了法律规定的正常征收以外，公民、法人和其他组织不再负担任何缴纳义务。实践中，违法征收财物主要表现为乱收费、乱摊派。征用是指行政机关依据公共利益的需要，临时使用私人物品，并给予补偿的行政行为。违法征用造成公民、法人或者其他组织损害的，也应当给予赔偿。

3）其他侵犯财产权的违法行为。造成财产损害的其他违法行为，是指侵害公民、法人或者其他组织财产权的行为，如违法的不作为。凡是涉及有关财产权的损害，受害的公民、法人或者其他组织都可以依照国家赔偿法的规定，请求行政赔偿。

（2）否定列举。

1）行政机关工作人员实施的与行使职权无关的个人行为。行政机关工作人员以公务员身份实施的行为，总是与行政职权具有密切联系，应当视为职务行为、所属行政机关的行为，最终属于国家的行为，一切法律后果应归属于国家。对于行政机关工作人员实施的与行使职权无关的个人行为，由个人承担相应的法律后果，国家不承担赔偿责任。

2）因受害人自己行为致使损害发生的。受害人自己的行为致使损害发生或者扩大的，是对自己的侵权，过错在于本人，后果应当由其个人承担。

3）法律规定的国家不承担赔偿责任的其他情形。国家不承担赔偿责任的情形为：①不可抗力。不可抗力是指不能克服的客观情况。国家对不可抗力所造成的损害不承担赔偿责任；②第三人过错。因第三人过错致使损害发生的，法律上的侵权行为的主体是第三人，而不是行政机关及其工作人员，更不可能是国家。

（五）行政诉讼的赔偿的程序

行政诉讼的赔偿程序是指受害人依法向人民法院请求行政赔偿，法院审理行政赔偿事务应当遵守的方式、步骤、顺序、时限等手续的总称。根据请求赔偿之前，行政机关的行政行为的违法性是否得到确认为标准，行政诉讼的赔偿程序可以分为单独赔偿诉讼程序与一并赔偿诉讼程序。

1. 单独赔偿诉讼程序

根据行政诉讼法和国家赔偿法的规定，受害人单独提出赔偿请求的，应当首先向赔偿义务机关提出，赔偿义务机关拒绝受理赔偿请求、在法定期限内不做出决定的，受害人可以提起行政诉讼。单独赔偿程序被启动之前，行政行为的违法性必须得到确认，所以在单独赔偿程序之前，一般有一个先行处理程序，即行政行为被确认违法所适用的程序。

（1）行政赔偿义务机关的先行处理程序。

1）确认加害行为的违法性。从国家赔偿法的规定和实践经验来看，受害人单独提出赔偿请求的，必须以加害行为的违法性得到确认为前提。确认加害行为违法性的途径有：①赔偿义务机关自己确认。实施侵权行为的行政机关书面承认其行为的违法性；②通过行政复议确认。行政复议机关的撤销决定、履行法定职责的决定是确认加害行为违法性的直接根据；③通过行政诉讼确认。人民法院的撤销判决、履行判决和确认判决都是确认加害行为违法性的根据。

2）受害人提出赔偿请求。受害人提出赔偿请求应当递交申请书。申请书应具备的事项包括：

第一，受害人的姓名、性别、年龄、工作单位和住所。请求权人是法人或其他组织的，应写明法人或其他组织的名称、住所和法定代表人或者主要负责人的姓名、职务。

第二，具体的要求、事实根据和理由。赔偿请求包括赔偿的范围、方式等，如请求赔偿的金额或恢复原状的内容等，要求必须明确、具体。事实根据是指受害人遭受损害的时间、地点、客体、范围等。理由是指损害形成的原因，如有关行政机关及其工作人员的违法行为与损害结果的因果关系等。

第三，申请的年、月、日。

第四，有关的附件。包括行政复议机关的复议决定书，法院的判决书等文件、医疗证明、证人、照片等有关证据材料或者证据线索。

3）赔偿义务机关受理赔偿请求，制作行政赔偿决定书。赔偿义务机关接到赔偿请求申请后，应当对本案事实进行调查，调查的事项包括：①公民、法人或者其他组织是否遭受实际损害；②公民、法人或其他组织所受到的损害与已确认的违法行为有无因果关系；③受害人自己是否具有过错；④是否存在第三人的过错。赔偿义务机关对赔偿案件处理的法定期间为两个月。即赔偿义务机关在收到赔偿请求人赔偿申请书之日起两个月内要做出是否赔偿的决定。如果决定不予赔偿或逾期不做决定，请求人可向人民法院提起诉讼。

（2）对行政事实行为单独提出赔偿请求的程序问题。根据行政诉讼法和行政复议法的规定，行政行为违法性的确认，可以通过行政复议与行政诉讼程序进行；对事实行为的违法性的确认，法律没有明确规定，不能通过行政复议和行政诉讼程序进行。

受害人应当首先请求赔偿义务机关确认事实行为的违法。如果赔偿义务机关拒绝，受害人可以直接请求人民法院判决确认加害行为的违法性和赔偿义务机关的赔偿责任。

2. 一并提出赔偿请求程序

赔偿请求人要求赔偿，应当先向赔偿义务机关提出，也可以在申请行政复议或者提起行政诉讼时一并提出。

行政诉讼的赔偿程序是指人民法院受理和裁判行政赔偿请求的程序，是一种特殊的行政诉讼。受害人可以在提起行政诉讼时一并提出赔偿要求即提起行政诉讼的赔偿，也可以在行政复议机关做出决定或者赔偿义务机关做出决定之后，向法院提起行政诉讼的赔偿。根据行政诉讼法和国家赔偿法规定，我国行政诉讼的赔偿适用行政诉讼程序，属于行政诉讼中的一个特殊类别。

（1）行政诉讼的赔偿的起诉条件。根据行政诉讼法和国家赔偿法的规定，行政赔偿请求人提起行政诉讼的赔偿应当具备如下条件：

1）原告是行政侵权行为的受害人。作为受害人的公民死亡的，其法定继承人或遗嘱继承人可以作为原告提起诉讼；作为受害人的法人或其他组织终止的，承受其权利的法人或者其他组织可以做原告。

2）有明确的被告。行政诉讼的赔偿的被告是执行行政职权违法，侵犯公民、法人或其他组织的合法权益，并造成损害的行政机关及法律、法规授权的组织。

3）有具体的诉讼请求和相应的事实根据。原告提起赔偿诉讼，必须有明确具体的诉讼请求，提供有关证据材料。

4）属于人民法院受案范围及受诉人民法院管辖。行政赔偿争议必须属于国家赔偿法规定的赔偿范围，否则，人民法院不予受理。赔偿诉讼必须向有管辖权的人民法院提出。行政诉讼的赔偿管辖适用行政诉讼法关于管辖的规定。

5）原告单独提出赔偿请求的，必须经过赔偿义务机关的先行处理，这是提起行政诉讼的赔偿的前提条件。

6）在法律规定的时效内起诉。国家赔偿法规定，当事人提出赔偿请求的时效为两年，从侵害行为被确认为违法之日起计算。对赔偿义务机关逾期不予赔偿或对赔偿数额有异议的，应当在赔偿义务机关处理期限届满后的三个月内向人民法院提起诉讼。一并请求赔偿的时效按照行政诉讼的规定进行。

（2）行政诉讼的赔偿的审判组织。行政诉讼的赔偿的审判组织适用行政诉讼法的规定。由于行政赔偿案件的复杂性，法院应当组成合议庭进行审理，而不宜于审判员独任审判。

（3）行政诉讼的赔偿举证责任的分配。行政诉讼中被告行政机关负举证责任。对此，行政诉讼的赔偿不能完全适用。被告有权提供不予赔偿或者减少赔偿额方面的证据。

（4）行政诉讼的赔偿的审理方式。行政赔偿案件可以适用调解。行政诉讼的赔偿适用调解，就是人民法院可以在双方当事人之间做协商、调和工作，促使双方相互谅解，以达成赔偿协议。

受害人和赔偿义务机关达成协议，应当制作行政赔偿调解书。行政赔偿调解书应当写明赔偿请求、案件事实和调解结果，应由审判人员、书记员署名，加盖人民法院印章，送达双方当事人，调解书在双方当事人签收后，即具有法律效力。

（5）行政诉讼的赔偿中的先予执行。先予执行是指在特定的给付案件中，人民法院在做出判决之前，因原告生活困难，裁定义务人先行给付一定款项或特定物，并立即交付执行的措施。在行政诉讼的赔偿中，有可能出现因行政机关违法侵权造成损害，致使受害人无法维持生活的情况，适用先予执行，能够及时地保障当事人的合法权益。

（6）行政诉讼的赔偿裁判的执行。对赔偿义务机关采取特殊的执行措施包括划拨、罚款、公告、司法建议和追究刑事责任。

结束语

　　科学技术与社会的飞速发展，使行政管理工作面临越来越多问题。相关部门应当对当下的发展情况进行综合了解，并根据实际情况调整、优化、完善其相关法律实务的处理计划，致力于新型政府的建设，不断将传统的管理体制革新，拓宽视野，创新管理结构，优化法律实务程序，并与现代化技术有效结合到一起，不断创新，探索出适合我国基本国情的行政管理体制。

参考文献

[1] 常强. 行政组织文化对基层公务员组织公民行为的影响研究[D]. 拉萨：西藏大学，2021：21-33.

[2] 陈大莉. 自动化行政行为的合法性研究[D]. 北京：中国政法大学，2021：9-35.

[3] 陈民，靳秉强. 行政管理学[M]. 石家庄：河北人民出版社，2015.

[4] 范思凯，袁晖光. 行政管理学[M]. 大连：大连出版社，2016.

[5] 葛敏. 我国当今行政领导者素质研究[D]. 昆明：云南大学，2013：9.

[6] 郭敏. 行政信息管理理论视域下的我国政府信息公开研究[D]. 南京：南京航空航天大学，2011：8.

[7] 韩德利. 行政法律原理与实务[M]. 北京：法律出版社，2020.

[8] 黄宇骁. 行政诉讼受案范围与原告资格关系之辨[J]. 政治与法律，2021（02）：108-125.

[9] 江国华，梅扬. 行政决策法学论纲[J]. 法学论坛，2018，33（02）：58.

[10] 江利红. 行政法学[M]. 北京：中国政法大学出版社，2014.

[11] 教军章，拉塔纳. 行政组织发展的伦理文化解释[J]. 行政论坛，2016，23（03）：29.

[12] 解丹丹. 行政诉讼非法证据排除问题研究[D]. 兰州：兰州大学，2020：21-35.

[13] 金洁. 市场经济体制对地方政府职能转变的影响机理研究[D]. 杭州：浙江大学，2019：21-37.

[14] 冷环环. 论行政法中的信赖保护原则[D]. 南昌：南昌大学，2013：3-4.

[15] 练育强. 争论与共识：中国行政公益诉讼本土化探索[J]. 政治与法律，2019（07）：136-149.

[16] 刘飞. 行政协议诉讼的制度构建[J]. 法学研究，2019，41（03）：32-47.

[17] 陆雪. 行政法视角下的自动化行政研究[D]. 苏州：苏州大学，2020：12-45.

[18] 马怀德，张泽宇. 规范行政赔偿案件审理推动国家赔偿制度发展[J]. 法律适用，2022（04）：18-24.

[19] 马英娟，李德旺. 我国政府职能转变的实践历程与未来方向[J]. 浙江学刊，2019（03）：74.

[20] 尚海龙，韩锦霞. 行政诉讼实务教程 [M]. 北京：中国民主法治出版社 .2016.

[21] 沈开举，王红建. 试论行政行为的成立 [J]. 行政法学研究，2002（01）：23.

[22] 宋光周. 行政管理学 [M]. 上海：东华大学出版社，2015.

[23] 孙利. 行政法与行政诉讼法 [M]. 北京：对外经济贸易大学出版社，2018.

[24] 王本存. 行政法律关系的功能与体系结构 [J]. 现代法学，2020，42（06）：96.

[25] 王春业. 行政诉讼新论 [M]. 北京：中国政法大学出版社 .2015.

[26] 王贵松. 论行政处罚的责任主义 [J]. 政治与法律，2020（06）：2.

[27] 王建东. 行政决策信息公开研究 [D]. 无锡：江南大学，2020：14-34.

[28] 王学辉，宋玉波. 行政权研究 [M]. 北京：中国检察出版社，2002：116.

[29] 王英. 加强行政组织建设有利于遏制腐败 [J]. 中国监察，2006（06）：52.

[30] 向淼，郁建兴. 法治行政：中国公共行政学的法律路径：一项新的研究议程 [J]. 公共管理学报，2021，18（04）：35.

[31] 徐鹏. 行政诉讼异地交叉管辖制度完善研究 [D]. 南昌：南昌大学，2021：12-41.

[32] 杨伟东. 基本行政法典的确立、定位与架构 [J]. 法学研究，2021，43（06）：53-70.

[33] 叶必丰. 行政法的体系化："行政程序法" [J]. 东方法学，2021（06）：157-170.

[34] 叶娟. 我国行政诉讼案件执行难及其破解研究 [D]. 南昌：江西财经大学，2021：15-33.

[35] 叶群声，谢祥为，徐明江. 行政法律原理与实务 [M].2 版. 北京：中国政法大学出版社，2013.

[36] 余凌云. 论行政诉讼上的合理性审查 [J]. 比较法研究，2022（01）：145-161.

[37] 曾哲，赵钟根. 论行政诉讼执行程序 [J]. 东方法学，2012（04）：17.